"十四五"职业教育国家规划教材

幼儿舞蹈

主　编　金庆玲
副主编　曹雪飞

北京理工大学出版社
BEIJING INSTITUTE OF TECHNOLOGY PRESS

内容简介

本教材共分为五章。第一章是舞蹈概述,第二章是舞蹈基础及动作训练,第三章是幼儿舞蹈基础,第四章是幼儿舞蹈创编,第五章是幼儿舞蹈创编案例及分析。根据学前教育专业特点和幼儿园工作实际,本教材从幼儿生理、心理发育特点出发,结合幼儿舞蹈教学基本规律,介绍了舞蹈的基本理论和大量的案例分析与实践,内容由浅入深、简明易懂、理论联系实际、紧扣学前儿童的特点,其音乐丰富多彩、图文与影像并举。大量的案例分析与实践,为促进幼儿舞蹈教学质量、提高学生的幼儿舞蹈技能和舞蹈的审美能力提供了有力的帮助。

版权专有　侵权必究

图书在版编目(CIP)数据

幼儿舞蹈/金庆玲主编. -- 北京:北京理工大学出版社,2018.5(2024.6重印)
ISBN 978-7-5682-5358-1

Ⅰ.①幼… Ⅱ.①金… Ⅲ.①学前教育-儿童舞蹈 Ⅳ.①G613.5

中国版本图书馆CIP数据核字(2018)第038041号

责任编辑:梁铜华　　文案编辑:梁铜华
责任校对:黄拾三　　责任印制:边心超

出版发行 /	北京理工大学出版社有限责任公司
社　　址 /	北京市丰台区四合庄路6号
邮　　编 /	100070
电　　话 /	(010)68914026(教材售后服务热线)
	(010)68944437(课件资源服务热线)
网　　址 /	http://www.bitpress.com.cn
版 印 次 /	2024年6月第1版第7次印刷
印　　刷 /	定州市新华印刷有限公司
开　　本 /	787 mm×1092 mm　1/16
印　　张 /	12.25
字　　数 /	287千字
定　　价 /	43.00元

图书出现印装质量问题,请拨打售后服务热线,负责调换

前言
QIANYAN

  为深入贯彻党的二十大精神，进一步落实《幼儿园教育指导纲要》中关于幼儿艺术活动的指导思想和基本要求，本书根据幼儿园艺术教育实际需要，牢记"培养什么人、怎样培养人、为谁培养人"这一问题，坚持"以提高学生全面素质为目的，培养学生的创新精神和实践能力为重点"的教育改革指导思想，针对早期教育、学前教育专业课程教学要求，对学生进行舞蹈专业素质教育。本课程的任务是提高学生的幼儿舞蹈基本素质，引导学生科学运用舞蹈专业基本知识和技能，创造性地组织、指导幼儿园舞蹈教育活动。

  本课程的学习总目标是：以学前舞蹈课程性质定位为依据，通过教学及各种丰富、生动的实践活动，激发学生兴趣，培养学生正确、良好的身体姿态，使学生了解和掌握幼儿舞蹈训练的基础知识和基本技能，具备良好的艺术素养和健康的审美情趣，全面提高素质，达到高素质人才的基本要求。

  本教材以幼儿舞蹈内容为主体，突出系统性、实用性、时代性和可操作性。首先，在教材编写全过程聚焦"立德树人"根本任务，结合中华民族优秀传统文化，用好红色资源，用社会主义核心价值观铸魂育人。其次，在教材内容上以提高学生舞蹈综合能力、创编能力为核心，旨在使学生更好地适应幼儿园工作的需求。最后，在提供大量案例的基础上，以创编理论指导实践，强化幼儿舞蹈创编方法的指导，注重学生创造意识的培养，引导学生探索幼儿舞蹈创编规律，从不同年龄段的幼儿动作肢体发展特点出发，结合典型性舞蹈素材，对不同的音乐情绪、不同年龄段幼儿的体能情况进行分析，引导、组织学生进行幼儿舞蹈语汇、短剧、组合以及情节性内容的设计和编排。本教材由易到难、循序渐进、自成体系、指导具体，力图提高学生对舞蹈素材的实际掌控能力、分析能力、组合能力，突出实效性，并具有很强的可操作性。为提升学生对幼儿舞蹈的理解和创编能力，本教材要求学生在学习舞蹈基本训练与幼儿舞蹈训练的基础上学会创编与表演，学会组织幼儿舞蹈教育教学活动，提高鉴别美与丑的能力；加深理解舞蹈基础知识及其内涵，注重综合能力和审美水平的整体提高。

  总之，本教材旨在构建适应社会发展需要的、体现时代性、基础性与选择性相结合的学前舞蹈训练课程；引领学生厚植信仰，心怀"国之大者"，为培养德智体美劳全面

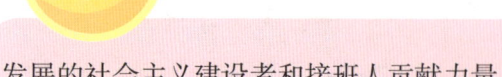

发展的社会主义建设者和接班人贡献力量。

本教材分为五章内容。第一章是舞蹈概述，旨在让学生了解舞蹈的起源及发展，了解舞蹈的种类，了解舞蹈的各种风格及学习舞蹈的作用；使舞蹈的教学不仅停留在舞蹈动作的教授上，还要为学生今后的舞蹈学习打下坚实的理论基础，并激发其学习舞蹈的热情。第二章是舞蹈基础及动作训练，旨在以芭蕾基本训练为主要教学手段，着重提高学生的肌肉能力，解放肢体，改变原有的自然体态，增加形体美感；发展肢体的协调能力，提高舞蹈基本素质；了解、掌握舞蹈基本素质训练和技能训练的基本方法。第三章是幼儿舞蹈基础，旨在使学生了解幼儿舞蹈的特点、功能以及分类，明确幼儿舞蹈与幼儿教育的关系；掌握幼儿舞蹈基本舞步、常用手位和动作；通过幼儿舞蹈常用动作和舞步组合训练，丰富幼儿舞蹈语汇，发展身体的协调性，培养动作的节奏感，为幼儿舞蹈创编打下基础；同时，体验幼儿舞蹈带来的童趣与童乐。第四章是幼儿舞蹈创编，旨在通过理论学习与案例分析及实践操作，使学生了解幼儿舞蹈创编的基本理论和技术原理；掌握幼儿舞蹈创编的基本原则和方法；培养热爱幼儿教育事业、热爱舞蹈、热爱生活且不断丰富的内心情感，为今后的实际工作服务。第五章是幼儿舞蹈创编案例及分析，旨在通过本章的学习，使学生了解幼儿舞蹈律动、幼儿歌表演、幼儿歌舞、幼儿舞蹈游戏、幼儿集体舞、幼儿即兴舞的创编方法和要点；结合幼儿园艺术教育目标与实际，通过案例分析与实践创作，提高学生的动作分析能力和运用能力，发展学生的创新性思维能力，达到培养创新型、运用型幼儿园艺术教育人才的目的。

"实践没有止境，理论创新也没有止境。"我们本着"授之以渔"的原则，做到"以幼儿为本"，不忘童心，贴近生活、形式多样，特编写《幼儿舞蹈》一书。我们力图使本教材成为幼师生学习舞蹈的理想选择，适合三年制、五年制教育类专业学生学习。同时，本教材也可以为幼儿园教师舞蹈教育活动提供一定的范例和参考，也可作为幼儿舞蹈爱好者的自学用书。

本教材由湖南幼儿师范高等专科学校教授金庆玲主编。湖南幼儿师范高等专科学校舞蹈副教授曹雪飞老师担任副主编。曹雪飞编写教材的第一章和第二章；金庆玲编写教材的第三章、第四章和第五章。在编写的过程中，得到了广大同人的关心与支持，在此表示衷心的感谢！限于时间和水平，难免有疏漏和不足之处，敬请各位专家、同人批评指正，以便更好地提高与改进。

在此，编者要特别感谢湖南幼儿师范高等专科学校陈亚丽老师以及学生陶源、胡蓉的示范；感谢孙健老师及学生刘洋宇、易煜坤、吴远胜的拍摄与制作！

编　者

目录

第一章 舞蹈概述 … 1
- 第一节 舞蹈的起源与发展 … 1
- 第二节 舞蹈的种类与表演形式 … 5
- 第三节 舞蹈的风格特征与功能 … 11

第二章 舞蹈基础及动作训练 … 27
- 第一节 地面基本动作及训练 … 27
- 第二节 舞蹈基本站姿与方位 … 35
- 第三节 芭蕾基本动作训练 … 39

第三章 幼儿舞蹈基础 … 77
- 第一节 幼儿舞蹈概述 … 77
- 第二节 幼儿舞蹈常用动作与基本舞步 … 99
- 第三节 幼儿舞蹈常用动作与基本舞步组合案例 … 118

- 第四章 幼儿舞蹈创编……………………… 136
  - 第一节 幼儿舞蹈创编概述……………………… 136
  - 第二节 幼儿舞蹈创编的艺术特征……………… 138
  - 第三节 幼儿舞蹈创编基本技法………………… 139

- 第五章 幼儿舞蹈创编案例及分析………… 155
  - 第一节 幼儿律动………………………………… 155
  - 第二节 幼儿歌表演……………………………… 160
  - 第三节 幼儿歌舞………………………………… 166
  - 第四节 幼儿舞蹈游戏…………………………… 172
  - 第五节 幼儿集体舞……………………………… 179
  - 第六节 幼儿即兴舞……………………………… 184

第一章 舞蹈概述

教学任务与目标

通过对舞蹈理论中常识性内容的讲解，让学生了解舞蹈的起源及发展，了解舞蹈的种类，了解舞蹈的各种风格及学习舞蹈的作用；使舞蹈的教学不仅停留在舞蹈动作的教授上，还要为学生今后的舞蹈学习打下坚实的理论基础，激发学生学习舞蹈的热情。

第一节 舞蹈的起源与发展

一、舞蹈的定义

舞蹈是以经过组织、提炼和艺术加工的人体动作为主要表现手段，表达人们的思想感情，反映社会生活的一种艺术形式。它是通过形体动作表达人的情感的一种视觉艺术。

二、舞蹈的起源

关于舞蹈的起源众说纷纭，但舞蹈作为一种原始人类交流思想和感情的工具，是随着人类生产劳动产生的。舞蹈的动作、节奏与劳动是密切相关的。对于任何一种劳动，人的手脚都是要活动的，手拍脚踏，在反复重复的过程中就产生了有规律的节奏，加上人们的

呼喊，敲击木棍、石头，就形成了最原始的舞蹈。最初的舞蹈具有全社会性和感召力，能让人类团结在一起狩猎、战争，所以原始舞蹈总是集体性的。关于舞蹈的起源，舞蹈界和美学界还有以下6种具有代表性的说法，即模仿说、游戏说、劳动说、图腾说、巫术说、情感说。"模仿说"提出舞蹈就是"通过有节奏性的动作模仿各种性格、形态、情感及行为"。古希腊的哲学家认为：艺术源于人对自然的模仿，模仿是人的天性和本能。而德国的文艺理论家认为，对于艺术的起源，模仿是重要的，但是并非艺术的真正起源，艺术的根本起因是"游戏的冲动"，而游戏先于劳动，所以艺术的起源则先于有用物品的产生。持"劳动说"的德国哲学家、心理学家冯特认为"游戏是劳动的产物，没有一种形式的游戏不是以某种严肃的工作为原型。不用说，这种工作在时间上是先于游戏的"。中国当代美学家鲍昌认为"游戏的中心目的在于重新体验使用过剩精力时的快感，而舞蹈的中心目的是表现人的某种生活、思想及情感"。他提出："一是劳动动作标准化、定性化趋势，产生了劳动舞创作的需求；二是原始人类为了传播劳动技能和生产知识，创造了不少带有教育和训练意义的劳动舞。""图腾说"是原始人类对于自己氏族的某种动物、植物或是其他物种的最早的精神信仰，他们用舞蹈的形式去顶礼膜拜它们，以求得它们的保护，保证人们身体健康、风调雨顺、五谷丰登、天下太平。"巫术说"认为，原始社会中巫师的巫术包罗万象，祈福、消灾、治病、占卜、招魂等都是借助舞蹈的形式来完成的。"情感说"认为，人类为了生存和发展，为了取得同自然界斗争的胜利，以及抵御外界的侵袭，需要壮大力量，为此繁衍人口就成为人类极其重要的任务，那么人类的情感、性爱活动就成为舞蹈的起因。

纵观人类舞蹈历史的起源和发展可以发现：舞蹈的起源主要是在劳动中产生的，但舞蹈产生的因素不仅是单一的因素，而是由多种因素形成的。人们的自娱意识、对物质及生存的需求、交流情感的需求等成为舞蹈起源的重要因素。

三、舞蹈的发展

原始社会时期，我们的祖先就是用"手之舞之，足之蹈之"来表达他们对劳动、生活及情感的需要。那时的舞蹈活动渗透到了人们生活的每一个领域。例如：有对狩猎场面的艺术再现，有表现人与自然、人与人之间斗争的场面，有对劳动、动物动作的模仿，等等。舞蹈和其他艺术形式一样，是属于上层建筑的，由生产方式和社会生活内容来决定。人们生活在不同的时代，有着不同的生产方式和生活内容，舞蹈就是在这样的基础上不断进行变化和发展的。中国舞蹈历史的发展可分为两个阶段：中国古代舞蹈的发展阶段与中国近代舞蹈的发展阶段。

（一）中国古代舞蹈的发展

在我国古代舞蹈发展的过程中出现过三个鼎盛时期：第一个时期是周代。在这个时期，各国的乐舞都汇集在京城，促进了乐舞的发展。第二个时期是汉代。在这个时期，出现了百戏及各种乐舞体系。第三个时期是唐代。在这个时期，歌舞是中国古代舞蹈最为鼎盛的时期。

早在原始社会，舞蹈就已经产生。在青海大通县孙家寨墓地挖掘出的新石器时代的陶盆就有对舞蹈的记载，说明早在原始社会时期，我们的祖先就创作了群舞的舞蹈表达形式。原始社会的舞蹈有反映为了培养狩猎技能的狩猎舞蹈，它是结合原始人类狩猎的生产方式集体性的舞蹈；有表现原始人类农业劳动的耕种、开山的舞蹈；有祈祷风调雨顺、反映他们信仰的祭祀舞蹈；还有众人踏着鼓语的节奏，表现战争操练、阵法等原始军事技术的战争舞蹈。

随着生产力的发展和私有制的产生，社会进入奴隶社会。夏商时代，舞蹈向两个不同的方向发展：一方面舞蹈从自娱自乐向表演艺术的方向发展；另一方面，巫舞活动中宗教祭祀舞蹈有了较大的发展。周代是我国奴隶社会向封建社会过渡的时期，经济文化有了很大的进步，这个时期是我国古代舞蹈发展的第一个鼎盛时期。周代建立了森严的乐舞等级制度，整理出了《六舞》和《六小舞》，其中《六舞》主要用于周代宫廷祭祀礼仪，表演的场合隆重，人数众多，天子用"八佾"（64人的舞阵）的规格标准。六部乐舞的大部分由所传周代以前各代的代表性乐舞整理增删而成，所以又叫"六代之舞"，包括黄帝时的《云门大卷》、尧时的《大咸》、舜时的《大韶》、夏禹时的《大夏》、商汤时的《大濩》和周代由周公（也有说武王的）新创编的《大武》。其中《云门大卷》《大咸》《大韶》《大夏》所代表的各代，都是由禅让得的天下，所以称"文舞"，而《大濩》和《大武》所表现的都是以武力夺取的天下，所以叫作"武舞"。到了后代，《六舞》就被称作"先王之乐"，成了神圣的"雅乐"。它们的影响波及后世数千年。《六小舞》则是用于教育贵族子弟的乐舞教材，有时也用于某些祭祀场合。周代"乐师"的任务就是"掌国学之政，以教国子小舞"。《六小舞》包括《帗舞》（执长柄饰五彩丝绸的舞具而舞）、《羽舞》（执鸟羽）、《皇舞》（执五彩鸟羽）、《旄舞》（执旄牛尾）、《干舞》（又叫《兵舞》，执盾）、《人舞》（不执舞具，以舞袖为容）。多大年岁学什么舞、什么身份学什么舞、何人负责教授、何时组织会考、对不用功者如何答罚、对成绩优异者如何任官封爵，等等，都有细致严格的规定。

当社会发展到封建社会时，汉代对礼制乐舞进行改革，设立乐府，广泛收集民间歌舞，出现了百戏（民间各种各样的技艺表演，包括杂技、武术、滑稽表演、音乐演奏、舞蹈等），代表作品为《盘鼓舞》《巾舞》《袖舞》等。在艺、技交融的基础上，汉代舞蹈"舞"的语汇和动律也得以丰富和强化，突出表现在"舞袖、舞腰、舞足"这三个方面。汉代还非常重视乐舞文化与民族舞的融合，在此期间，少数民族舞蹈进入中原，促进了古代乐舞文化的繁荣与发展。这是我国古代舞蹈发展的第二个鼎盛时期。

三国两晋南北朝时期，各民族大迁徙、大融合，乐舞文化大交流，为隋唐舞蹈艺术的高度发展准备了条件。隋、唐两代继承和融合了南朝的汉族传统乐舞和北朝各民族乐舞，并在此基础上创造了丰富多彩的唐代舞蹈。唐代，是我国舞蹈发展进入的第三个鼎盛时期，唐代将表演性舞蹈分为"健舞"和"软舞"两大类，还流行"歌舞大曲"和"歌舞

戏"两种艺术表演形式,其中以"歌舞大曲"《霓裳羽衣》最具代表性。在唐代,王公贵族、文臣武将、文人学士都以表演舞蹈为乐,以精于舞蹈为荣。虽然专业歌舞伎人社会地位卑贱,但舞蹈艺术本身广泛受到人们的重视。统治阶级,特别是帝王本人对舞蹈艺术的喜爱和提倡,对舞蹈的发展起到了一定的推动作用。这个时期是我国表演性舞蹈发展最为鼎盛的时期,同时舞蹈的创编和记谱法也得到了很大的发展。

到了宋代,由于种种原因,舞蹈虽然进入了向情节化转变的关键时期,但并没有像西方芭蕾舞一样发展为成熟完善的舞剧形式,而是转向戏曲方向。到了元代,出现了"元曲",这是一种有歌有舞的戏曲形式。到了明代,我国的民间舞蹈随着社会的发展得到了广泛推广,而且向着剧场艺术的规模发展起来。到了清朝,戏曲艺术得到了进一步的发展,出现了昆曲和京剧。所以到了宋、元、明、清时期,我国的表演性舞蹈开始走向衰退,由于礼崩乐坏现象的出现,舞蹈艺术大多融入了戏曲中,由此,戏曲艺术开始走向繁荣。虽然这四个时期的表演性舞蹈走向衰退,但是民间舞蹈却以顽强的生命力悄然兴起,例如人们熟悉的"秧歌"等舞蹈就是从宋代"村田乐"的舞蹈形式开始兴起并发展至今的。

(二)中国近代舞蹈的发展

到了民国时期,由于欧美舞蹈的传入及影响,中国舞蹈进入了新的启蒙时代,例如学堂教育下的舞蹈启蒙,一些较大城市的中小学开设了舞蹈课程,这些课程与体操游戏相结合,与音乐歌曲相结合。"五四"新文化运动,使中国的舞蹈也产生了根本变化,开始从封建的舞蹈文化里挣脱出来,其中具有进步意义的主要是中国儿童歌舞方面的成就。例如:1920年在中小学开展的"优秀舞"的活动,后来在学校流行的"形意舞";20世纪30年代初期,李锦晖先生创作的《麻雀与小孩》《葡萄仙子》等儿童歌舞的表演,都带有浓郁的反对封建教育制度,提倡少年儿童爱自然、爱祖国、爱民族等进步思想,在儿童美育教育中起到了积极进步的作用。

在20世纪20—40年代,中国舞蹈的发展有三种存在:第一种是吴晓邦、戴爱莲在重庆、上海、桂林等地积极开展的为人生而舞的现实主义舞蹈创作之路。这个时期新舞蹈开始出现,它第一次把舞蹈的价值和人生的价值联系起来,使舞蹈不再是享乐的工具,而是战斗的武器。新舞蹈的发起人是著名的舞蹈表演家、舞蹈教育家吴晓邦老师,他根据人们的日常生活动作,从表现人物独特的思想和个性出发,创作出富有个性的动作形式。第二种是由于西方文化大量的入侵,把迷乱、腐朽的色情歌舞一齐带进了中国,部分城市的市民沉浸在灯红酒绿的靡靡之音和轻歌曼舞中。第三种是在中国共产党领导下的红色革命根据地出现的新文化艺术,称为"红色歌舞"。这类歌舞以强烈而明确的革命思想宣传功能为本质特点,在当时发挥了积极作用,成为被当时人们喜闻乐见的一种艺术形式。例如,富有革命内容的《苏联海军舞》《大刀舞》《梭镖舞》等。

中华人民共和国成立前后,在党的亲切关怀和领导下,我国舞蹈艺术进入了一个蓬勃发展的时期。1949年7月,在北京成立了中华全国舞蹈工作者协会,为我国舞蹈事业的发展提出了美好前景。20世纪50年代我国建立了培养专业舞蹈人才的舞蹈学校，国家相继成立了各级歌舞团，它们在国际艺术交流中成为友好的使者，促进了艺术交流和人民间的友谊。它们在传承传统舞蹈的基础上，涌现出了多种舞蹈形式和舞蹈作品，例如，中国古典舞的优秀作品有《飞天》《荷花舞》《春江花月夜》等。这个时期的民族民间舞的创作也取得了巨大成绩，其中优秀作品有《盅碗舞》《洗衣歌》《长鼓舞》《红绸舞》等。20世纪50年代虽是我国舞剧创作的初步尝试阶段，但也取得了骄人的成果，其中优秀的代表作品有《小刀会》《宝莲灯》《梁祝》等。20世纪60年代出现了现代题材的芭蕾舞剧《红色娘子军》《白毛女》。1964年，为庆祝中华人民共和国成立15周年，北京、上海和中国人民解放军等70多个单位的音乐舞蹈工作者、诗人、作曲家、舞台美术工作者，以及工人、学生、少先队业余合唱团3 000多人，以满腔的革命热情成功地创作了大型音乐舞蹈史诗《东方红》，并于1964年10月2日在北京上演，这是我国当代舞蹈史上的一个壮举。

六十年代中期至七十年代末，中国舞蹈陷入一段发展低迷期，创作和演出都呈现不太正常的局面，人们对舞蹈艺术作品的意义及其认知出现模糊的概念和偏差，各种舞蹈的传承与发展受到一定的影响。

随着改革开放的到来，舞蹈事业全面复苏，舞蹈教育与舞蹈研究机构全面恢复。舞蹈文化意识全面苏醒，舞蹈创作继往开来，舞蹈呈现多样化的发展趋势。例如：古典舞重寻古雅，民族民间舞去粗取精，风情舞寻根溯源，舞剧的创作凸显民族文化底蕴，芭蕾舞与民族舞蹈紧密结合。这期间，舞蹈艺术家们创作出了大量的优秀舞蹈作品，如《小溪江河大海》《金山战鼓》《雀之灵》《黄河魂》等。

改革开放深化后，我国的舞蹈无论是在题材、体裁还是形式和风格的多样化方面都取得了突出成就。我国的舞蹈事业进入了一个全面繁荣时期。例如，出现了以新舞蹈为最初命名的当代舞；随着科技的迅速发展，舞蹈与影像相结合，出现了"电视舞蹈"，优秀代表作有《扇舞丹青》《飞天》《千手观音》等。古典舞新作层出不穷，代表作有《踏歌》《桃夭》《姜姜长亭》《楚腰》等；民族民间舞的创作成就也不一般，代表作有《黄土黄》《一个扭秧歌的人》《母亲》等。

舞蹈艺术的产生和发展源于人类社会几千年的社会生活，它既有传统的继承性，又需大胆的创新和变革，中国的舞蹈事业正在繁荣发展的道路上前行。

第二节 舞蹈的种类与表演形式

随着舞蹈实践的发展，舞蹈的种类也越来越丰富。舞蹈的种类是根据表演的目的、风格及表演的形式来划分的。

一、根据舞蹈参与者及舞蹈表演的目的及风格来分类

根据舞蹈参与者及舞蹈表演的目的及风格的不同，舞蹈可以分为公众舞和剧场舞。

（一）公众舞

公众舞也叫生活舞蹈，就是人人都可参与的、与人们日常生活密切相关的、具有广泛的群众基础的舞蹈。它是以自娱为目的的舞蹈，包含习俗舞蹈、宗教祭祀舞蹈、社交舞蹈、健身舞蹈、教育舞蹈五大类。

1. 习俗舞蹈

习俗舞蹈可称为节庆、仪式舞蹈，是我国许多民族在婚配、丧葬、种植、收获及喜庆节日里举行的各种群众性的舞蹈活动，主要表现各民族的传统文化、民族性格、风土人情及精神风貌等，是各族人民精神生活不可缺少的部分。

2. 宗教祭祀舞蹈

宗教祭祀舞蹈是宣扬宗教思想、表达宗教观念、展现宗教仪式的舞蹈。宗教舞蹈是对超自然、超人间的神秘力量——神灵的一种形象化的再现，使无形之神成为可以被感知的有形之身，是神秘力量的人格化。主要用以求神灵庇佑、除灾去病、逢凶化吉、人畜兴旺、五谷丰登，或是答谢神灵的恩赐。祭祀舞蹈，是祭祀先祖、神祇的一种礼仪性的舞蹈形式，过去人们用来表示对先祖的怀念或是希望先祖和神佛对自己的保佑和赐福。如民间的巫舞、师公舞、傩舞，佛教的"打鬼"、萨满教的"跳神"等。

3. 社交舞蹈

社交舞蹈又名"交际舞"或"交谊舞"。这种舞蹈在人们的文化生活中最具广泛性和群众性。它由民族舞蹈演变而成，多为男女对舞的形式。古往今来，舞蹈就是人们交流的重要工具，人们通过各种舞蹈形式进行社会交往，进而联络感情，增进友谊。1904年，英国皇家舞蹈教师协会成立，把在欧美流行的各种社交舞蹈的名称统一为"国际标准交谊舞"（简称国标舞）。国标舞分为两大类："摩登舞"和"拉丁舞"。"摩登舞"包括"华尔兹""探戈""狐步舞""维也纳华尔兹""快步舞"；"拉丁舞"包括"桑巴""伦巴""恰恰""牛仔舞""帕索多不累"等。"摩登舞"主要来自欧洲传统的民间舞，"拉丁舞"则是源自拉丁美洲国家的舞会舞蹈。英国皇家舞蹈教师协会对这十种舞蹈在标准舞姿、舞步、方向上都做了统一的规定，至此，社交舞蹈由自娱性"舞会舞蹈"逐渐形成了竞技性的"国标舞"，社交舞便以规范化的形态在世界范围内得到广泛的传播和流行。

4. 健身舞蹈

健身舞蹈是将舞蹈的内容融合在体育健身里的一种舞蹈形式，是融体能锻炼与艺术修养为一体的运动项目，是在音乐伴奏下，以健身为目的，运用体操、舞蹈等不同类型的身体练习，以达到身体各部分全面活动，能健身、健心、自娱、娱人的体育舞蹈形式。

5. 教育舞蹈

教育舞蹈又称校园舞蹈，是指学校、幼儿园等进行审美教育的舞蹈活动，以及开设的舞蹈课程，用来陶冶和美化人的思想感情、道德情操，培养人的团结友爱、加强礼仪的意识，增进人的身心健康。

（二）剧场舞

剧场舞也称艺术舞蹈，它是具有表演性和观赏性的舞蹈，是由专业的和少数业余的舞蹈艺术家通过对社会的观察、体验、分析，然后经过集中、概括和艺术提炼加工而创作出来的主体思想鲜明、形式完整、具有典型艺术形象、在舞台上或是剧场里表演给广大人民群众欣赏的舞蹈作品。

剧场舞根据舞蹈的不同风格，可划分为芭蕾舞、古典舞、民间舞、现代舞和当代舞。

1. 芭蕾舞

芭蕾舞，法语Ballet的音译，是欧洲古典舞蹈的通称，是指一种以欧洲古典舞蹈为主要表现手段，综合音乐、戏剧、哑剧、舞台美术等形式的舞蹈艺术品种。由于表演技术上一个重要特征是女演员要穿特制的足尖舞鞋并用脚尖立地跳舞，所以俗称"足尖舞"。芭蕾舞的发展可以用三句话概括：起源于意大利，成长于法兰西，兴盛于俄罗斯。芭蕾是从13—14世纪意大利王宫贵族余兴音乐和舞蹈表演演变而来。14世纪末，芭蕾由意大利传入法国，1581年，因法国王后凯瑟琳·德·美第奇让意大利籍编导波若瓦叶排演了一部取材于《荷马史诗》的作品——《王后喜剧芭蕾》而被认为是舞蹈史上第一部真正的芭蕾。从16世纪开始，芭蕾舞成为法国宫廷生活的重要组成部分。1661年，法国国王路易十四创办了芭蕾史上第一所舞蹈学校——皇家舞蹈学院，开始进行舞蹈训练规范化的研究和整理工作，芭蕾舞的手位、脚位就是那时确定下来并沿用至今的。18世纪，法国芭蕾大师让·巴蒂斯特·朗代把芭蕾带到俄罗斯，在圣彼得堡建立了芭蕾舞学校，由此，推动了俄罗斯芭蕾的兴起与繁荣。19世纪初期，芭蕾进入浪漫主义时期，女子足尖舞技巧开始出现，芭蕾的内容和题材从神话传说中的英雄人物变成了超凡脱俗的仙女、幽灵，形成了一整套以"开、绷、直、立"为典型舞姿和审美特征的训练方法。19世纪下半叶，欧洲芭蕾的中心从法国转移到俄国，《天鹅湖》等优秀作品的出现将古典芭蕾推向高峰。20世纪20年代，芭蕾传入我国。1978年以来，我国在芭蕾的民族化上做了大胆的尝试，《梁祝》《祝福》《雷雨》等作品深受中国观众喜爱，我国民族舞剧《丝路花语》，更是被欧美人士称为"中国芭蕾"。随着现代芭蕾舞学派产生，芭蕾的题材选择更加灵活自由，形式上也得到创新，如运用交响乐编舞的《小夜曲》就吸收了现代舞的编舞方法与技巧。由于芭蕾舞蹈训练体系的科学性、专业性和规范性，它被公认为是舞蹈训练最值得借鉴的舞蹈训练体系。

2. 古典舞

古典舞是在民族民间传统舞蹈的基础上，经过历代专业舞蹈工作者提炼、整理、加工、创造，并经过较长时期艺术实践的检验而流传下来的具有一定典范意义和古典风格特色的舞蹈。世界上许多民族都有各具特色的古典舞，我国的古典舞大多保存在戏曲艺术中。中华人民共和国成立后，舞蹈工作者对我国的古典舞进行了深入细致的发掘和整理，创作了许多特征鲜明的优秀古典舞作品和舞剧作品，例如：《宝莲灯》《小刀会》《春江花月夜》等。20世纪80年代，中国古典舞在不断地发生变化，开始从外形到内蕴地向新空间拓展，舞蹈教育家唐满城、李正一在中国古典舞身韵理论上进行革新、创造和实践。唐满城教授说，"'身韵'从摆脱戏曲的行当、套路出发，从中国的大文化传统，包括书法、武术上来探索它的'形、神、劲、律、气、意'的审美规律，提炼它的元素，总结古典舞运动的路线、法则和阳刚、阴柔、节奏的内涵，从而使之不再有戏剧化、比拟化、行当化的痕迹，走向了舞蹈的主体意识和动作符号化的抽象功能"，从而使中国古典舞形成细腻圆润、刚柔相济、情景交融、技艺结合，以及精、气、神和手、眼、身、法、步完美结合与高度统一的美学特色，也使中国古典舞的美学价值得到了更进一步的体现。

3. 民间舞

民间舞，是指在人民群众中广泛流传，具有鲜明的民族风格和地方特色的传统舞蹈形式。它是由劳动人民在长期历史进程中集体创造、不断积累、发展而形成的。各地由于人们的生活地域、生活习惯、传统文化、劳动方式及风俗习惯不同而形成了各民族舞蹈不同的风格及特色。民间舞和人们的生活密切联系，它比较直接地反映了劳动人民的生活，表现了劳动人民的思想感情、理想和愿望。民间舞是专业舞蹈的创作基础，各国封建社会的宫廷舞和各民族的古典舞都和民间舞有着不可分割的关系。中国各民族的民间舞历史悠久，形式多样，大多具有以下艺术特征：载歌载舞、技艺结合、形象鲜明、情节生动、自娱娱人等。我国是一个多民族国家，自改革开放以来，各民族舞蹈的创作进入了空前的繁荣发展时期，特别是原生态的各民族舞蹈艺术开始走上舞台，使我国民间舞形式更加丰富多彩。

4. 现代舞

现代舞是20世纪初在西方兴起的一种与古典芭蕾相对立的舞蹈派别。其主要美学观点是反对古典芭蕾的因循守旧、脱离现实生活和单纯追求技巧的形式主义倾向，主张摆脱古典芭蕾舞过于僵化的动作程式的束缚，以合乎自然运动法则的舞蹈动作，自由地抒发人的真实情感，强调舞蹈艺术要反映现代社会生活。现代舞的创始人是美国舞蹈家伊萨多拉·邓肯，她主张舞蹈必须使肉体与灵魂结合，肉体动作必须发展为灵魂的自然语言，真诚地抒发内心的情感。与她同时期的舞蹈家露丝·圣·丹尼丝也是美国现代舞的先驱，她广泛借鉴埃及、印度、希腊、泰国等国家的舞蹈文化的风格特点，以东方舞蹈的形式来传达人类宗教的精神信仰，形成了具有东方特色的现代舞。对现代舞蹈具有重要影响力的还有匈牙利的舞蹈家鲁道夫·拉班，他创立了"人体动律学"，创建了用于分析动作的"力效"学说。他创造的舞蹈记录方法"拉班舞谱"至今仍在世界范围内被广泛使用。我国的现代舞工作者经过近二十年的探索，在现代舞创作中取得了一定的成功。现代舞作为一个重要流派，逐渐进入历史，从理论体系、训练方法、舞蹈创作和表演形式上都将会得到进一步的发展。

5. 当代舞

当代舞，是指广泛融合中国传统舞蹈素材和外来的艺术题材而进行的创作和表演，中国当代舞反映着中国当代发展现状和人们的情感生活。当代舞的前身是"新舞蹈"，它是由我国舞蹈先驱者、舞蹈教育家、舞蹈艺术家吴晓邦提出来的。他从国外留学回来后，在我国现有的舞蹈基础上，赋予舞蹈全新的内涵。他主张用舞蹈反映现实的困难与希望，改变旧中国传统的、守旧的、僵化的舞蹈形式，创新出有别于以往的中国现代新舞蹈艺术。吴晓邦的新舞蹈创作融入民族气息和时代精神，在艺术手法上主张与国外的舞蹈表演技法求异存同，努力创造出一种具有新的思想观念、新的创作技法、新的训练体系和新的舞蹈形象的舞蹈作品。20世纪50年代后，新舞蹈被改成当代舞，当代舞作为中国重要的舞种之一，是在"荷花奖"舞蹈大赛中提出并确立的，在中国舞蹈分类及发展史上具有极为重大的意义。该舞种的作品追求鲜明的艺术形象和丰富的民族审美情趣，体现中国当代的社会生活和精神风貌。

二、根据舞蹈的内容来分类

根据舞蹈的内容，舞蹈可以分为情节舞和情绪舞。

（一）情节舞

情节舞一般是指叙事性的舞蹈体裁，是通过一定的情节事件来塑造人物、表现作品的主题思想的舞蹈或小型的舞剧。情节舞是通过人物与人物、人物与环境之间的具体矛盾冲突构成完整的故事内容，以塑造舞蹈形象和表现舞蹈主题。如在1980年第一届全国舞蹈比赛中获一等奖的双人舞《再见吧！妈妈》就属于情节舞。我国的情节舞多取材于故事，采用夸张、比喻、拟人的手法，以生动的故事情节和鲜明的舞蹈形象来表现某种生活哲理。情节舞结构精巧、情节生动、人物形象鲜明，与我国人民的传统审美习惯相适应，在我国是广大人民群众喜爱的舞蹈形式之一。

（二）情绪舞

情绪舞也称为抒情舞，是指在特定的环境中，以鲜明、生动的舞蹈语汇来抒发编者或舞者的某种思想情感，并能感染观众的舞蹈。情绪舞的艺术表现主要有以下几种方式：一是反映生活中感情强烈且单纯的情绪，如《丰收歌》《笑哈哈》等舞蹈。二是通过纯粹的舞蹈形式美来对应某种情感的表现，如《红绸舞》和《花鼓舞》，二者分别通过红绸飞舞的线条和长鼓飞击的鼓点传达出喜悦、豪迈的情感。三是通过模拟某种自然物来"缘物寄情"，如《海浪》和《雀之灵》，前者通过海浪动态的模拟表现了勇往直前的精神，后者则在模拟孔雀的动态中表现了一种纯洁、高尚的情操。一般说来，抒情性舞蹈在表现手法上注重写意，舞段比较完整和流畅，群舞动作强调整齐划一。由于抒情性舞蹈的"舞性"较强，因此有"舞蹈长于抒情，拙于叙事"的说法。

三、根据舞蹈的表演形式来分类

根据舞蹈的表演形式,舞蹈可分为独舞、双人舞、三人舞、群舞、组舞、歌舞、舞剧、音乐舞蹈史诗。

(一)独舞

独舞是由一个人单独表演的舞蹈。独舞可以分为两类:一类是结构完整的舞蹈作品;另一类是舞剧或大型舞蹈的组成部分。独舞多用来抒发表演者的思想感情和揭示人物的内心世界。它要求舞者具有良好的身体条件、扎实的基本功,有高水平的舞蹈表演技巧和较全面的艺术修养。

(二)双人舞

双人舞是由两个人表演,共同完成一个主题的舞蹈形式,主要表现人物之间的思想感情交流和人物之间的关系。双人舞可以分为两类:一类是结构完整的、独立的双人舞;另一类是舞剧或是大型舞蹈的组成部分。舞剧中的双人舞类似话剧中的对话和歌剧中的重唱,是塑造人物形象和推动剧情发展的重要手段。双人舞要求舞者具备较高的舞蹈表演技巧,特别是在舞蹈时两个人的思想感情、动作、舞蹈造型要默契配合。在古典芭蕾中,双人舞规定由一男一女表演,大多是表现爱情,其中有大量的托举、跳转等技巧。

(三)三人舞

三人舞是由三个人一起表演来完成一个主题思想的舞蹈形式。三人舞也可分为两类:一类是结构完整、独立的舞蹈作品;另一类是舞剧或是大型舞蹈的组成部分。三人舞表达的内容较为丰富,可表现单一的情绪、一定的情节、人物之间的戏剧矛盾冲突。它是舞蹈专业比赛的一种规定表现形式。

(四)群舞

群舞是指三个人以上表演的舞蹈。群舞通过舞蹈队形的变化,不同力度、不同幅度的舞蹈动作,以及姿态、造型的变化创造出极具感染力的画面和意境。大型舞剧中的群舞常常用来烘托艺术气氛,展示民族风格或地方特色,有时也为舞剧中的独舞做陪衬,为塑造人物形象服务。

(五)组舞

组舞是由若干段舞蹈组成的大型舞蹈。组合在一起的舞蹈,有的是依据共同的主题,有的是依据共同的形态,也有的是依据编导或演员自身的创作或表演风格来组合。组舞本身可以独立表演，也可以成为舞剧中渲染气氛、推进情势的一种手段。如舞剧《鱼美人》中，"海底"一幕就用《水草舞》《珊瑚舞》《金鱼舞》等一组舞蹈来渲染气氛。

（六）歌舞

歌舞，顾名思义，是一种歌唱和舞蹈相结合的艺术表演形式。从古代乐舞到今天各民族的民间舞蹈，歌舞一直是占有重要位置的艺术形式。歌舞的表演有以下几种形式：一是表演者自歌自舞。中国戏曲和许多民间舞蹈就以这种载歌载舞的形式出现。二是舞者占据主要表演场地，歌者在场边或幕侧伴唱，歌舞《幸福水》就是如此。三是以一个歌手为核心，舞者与其一起歌舞，舞蹈处于陪衬地位，这种舞蹈又称为"舞伴歌"。许多流行歌手的表演就是这种形式。

（七）舞剧

舞剧是以舞蹈为主要表现手段，综合戏剧、音乐、美术等艺术门类来表现思想内容和戏剧情节、塑造人物性格和人物形象的一种综合艺术。舞剧按照结构可分为独幕舞剧和多幕舞剧，按风格可分为芭蕾舞剧和民族舞剧。舞剧按其组织、结构可分为引子、开头、发展、高潮、结局等几个部分，也可以按照交响乐的结构划分方式分为几个乐章。在一部舞剧中，最基本的要素是具体的人物形象和相对完整的故事情节。

（八）音乐舞蹈史诗

音乐舞蹈史诗，是指结构宏大的，以音乐、舞蹈、诗歌、舞台美术为艺术手段，概括地表现具有重大意义的历史事件的表演艺术形式。它是根据统一的主题和完整的艺术构思，利用诗歌朗诵和舞台美术，把各个历史时期具有代表性的音乐、舞蹈和新创作的音乐、舞蹈串连起来，艺术地再现历史生活场景，使观众从中受到教育、感染和鼓舞。

第三节 舞蹈的风格特征与功能

一、舞蹈的风格特征

舞蹈的种类丰富多彩，每一个舞种都有与众不同的风格特征。

（一）芭蕾的风格特征

优美、高雅的芭蕾舞蹈，八个字即可代表它的特征，这八个字就是：开、绷、直、立、轻、准、稳、美。

（1）"开"——是指舞者不分男女，均需肩、胸、胯、膝、踝五大关节部位左右对称地外开，特别是两脚向外180°的展开，最大限度地延长了舞蹈者的肢体线条，扩大了舞蹈动作的运动范围，增强了表现力，同时也增强了身体的平衡能力和运动的灵活性。

（2）"绷"——是指舞者踝部、脚背的绷直，是古典芭蕾审美的根本标准之一。绷直主要是通过擦地（Battement tendu）练习，或者在各种跳跃的过程中下肢收紧，脚跟、脚掌、脚尖依次推地向高空跳起，使身体线条延长。芭蕾是一种线条性艺术，只有各部位绷直，才能使观众有延长肢体线条的视觉感，只有通过"绷"才能在有限的空间内使肢体末梢具有放射性，使舞姿更加舒展。芭蕾曾在一段时期内追求"灵空"，舞者要想使舞姿有轻盈飘逸的艺术魅力，也只有通过"绷"才能使肌肉收紧，产生上升的动势。

（3）"直"——是指主力腿和动力腿的膝盖伸直、后背的垂直，换句话说就是把全身肌肉拉长，使芭蕾的舞姿达到舒展、长线条完美的视觉造型。这是古典芭蕾审美的根本标准之一。身体与地面垂直也是古典芭蕾技巧所必需的，如旋转技巧，动作时除了全身收紧向高空发射外，更重要的是颈、背、腰、臀垂直于地面，使力量集中在体内的中心线上，只有这样才能使身体旋转起来，否则所有的旋转无从谈起。

（4）"立"——是指身体要直立、挺拔，并把身体重心准确地放在两腿或一条腿的重心上；要求演员收腹，挺胸，重心上提，向高空层面发射，使各种舞蹈动作和技巧准确地完成，这是古典芭蕾审美的根本标准之一。"立"还特别指"立足尖"技巧。芭蕾舞演员使用立足尖技巧，是区别于其他舞蹈的显著特征。因此有人将芭蕾舞称为"足尖舞"。

（5）"轻"——是指舞者动作轻盈、自如。例如：跳跃动作，起跳和落地时加强身体的控制能力，使全身看起来动作自如很放松，特别是落地时，需要脚趾、脚掌、脚跟依次落地并微微下蹲，就像小猫脚上带有肉垫一样，没有声音，就像苏联芭蕾大师乌兰罗娃所说的："使舞姿轻巧的是跳舞匠，轻盈才是舞蹈家。"

（6）"准"——是指准确完成每个动作和舞姿的规格要求，使动作运动路线和位置准确。

（7）"稳"——是指动作要做得不仅准确而且稳健、扎实。特别是"旋转"，它是芭蕾舞不可缺少的动作技巧，做旋转动作时要求演员保持良好的稳定性，结束时要使舞姿准确地、稳稳地停在一个点上。

（8）"美"——芭蕾舞和其他舞蹈一样，也是一种观赏性极强的视觉艺术，需要一举一动都有美感。芭蕾舞对美的要求是极高的，是"流动的音乐、活动的雕塑"。像音乐一样受时间的限制，像雕塑一样受空间的影响，编导家们通过发现美，运用美的舞蹈形式反映美的生活，而观众通过对舞蹈美的感知进行想象创造，从而在情感上引起共鸣。

（二）中国古典舞的风格特征

中国古典舞是中国几千年舞蹈传统积淀下来的艺术结晶。追求的审美规范是"精、气、神"充沛的表现。这种表现基本上是透过身韵体现出来的。"身韵"从字面上来解释，可以说是"身法"与"韵律"的总称。"身法"属于外部的技法范畴，"韵律"则属于艺术的内涵神采。"身韵"即"形神兼备，内外统一，身心并用"，通过"身韵"的训练达到"以神领形，以形传神"。它实际上是中国古典舞的艺术灵魂所在。虽然把训练"身法"与陶冶"神韵"的方法统称为"身韵"，但身韵的表现形式包含"形、神、劲、律"这四个方面。

（1）"形"——古典舞要求在人体形态上强调以腰部运动为核心的"提、沉、冲、靠、含、腆、移"这七个最基本的动律元素，这些动律元素不但可以为多种千变万化的"圆"做准备，而且可以由此派生出更丰富、更典型的以"圆"和"游"为特征的舞蹈动作。"身韵"在"形"的训练中，是以"拧、倾、圆、曲"的体态美为重点、以腰部的动律元素为基础、以"平圆、立圆、8字圆"的运动路线为主体、以传统优秀的、典型的动作为依据，以由浅入深并层层发展的教学为方法来培养真正懂得并掌握中国古典舞形态美的演员。

（2）"神"——在中国古典舞身韵中，神韵是非常重要的概念。神韵是可以认识的，是可以感觉的。只有把握住了"神"，"形"才有了生命力。"心、意、气"是"神韵"的具体表现，"心与意合、意与气合、气与力合、力与形合"。"形未动、神先领、形已止、神不止"这一口诀形象准确地解释了形和神的联系及关系。在身韵的训练中，每一个最细微的过程、最简单的动作都应是陶冶神韵的过程。因而我们说人体动作中的神韵并不是虚玄抽象而不可知的，恰恰是起着主导支配作用的艺术灵魂。

（3）"劲"——是指赋于外部动作的内在节奏和有层次、有对比的力度处理。中国古典舞的运行节奏是在舒而不缓、紧而不乱、动中有静、静中有动而又有规律的"弹性"节奏中进行的。"身韵"要培养舞者在动作过程中力度的运用不是平均的，而是有着轻重、强弱、缓急、长短、顿挫、附点、切分、延伸等节奏的对比和区别。如果这些节奏的符号用人体动作能准确表达出来，这就是真正掌握并懂得了运用"劲"。

（4）"律"——这个字包含动作中自身的律动性和它依循的规律这两层意义。一般说动作接动作必须"顺"，这"顺"劲正是律中之"正律"；动作通顺则能一气呵成，犹如行云流水。但古典舞往往又十分重视"不顺则顺"的"反律"，以产生奇峰叠起、出其不意的效果。这种"反律"是古典舞特有的，可以产生人体动作千变万化、扑朔迷离、瞬息万变的动感。从每一个具体动作来看，古典舞还有"一切从反面做起之说"，即"逢冲必靠、欲左先右、逢开必合、欲前先后"的运动规律，正是这些特殊的规律产生了古典舞的特殊美。无论是一气呵成、顺水推舟的顺势，还是相反的逆向动势，都体现了中国古典舞的圆、游、变、幻之美，这正是中国"舞律"之精奥之处。

（三）中国民族民间舞的风格特征

我国是一个多民族国家，每个民族生活地域、生活习惯、传统文化、风俗、信仰的不同，使其舞蹈风格各具风采。本教材主要介绍六大民族民间舞的风格特征。

1. 汉族舞

汉族民间舞蹈种类繁多，在民间广为流传的有秧歌、龙舞、狮舞、灯舞、绸舞等。现经专家整理加工走入课堂的有东北秧歌、云南花灯、胶州秧歌、陕北秧歌和鼓子秧歌等。下面介绍"东北秧歌"和"云南花灯"两种形式的汉族舞蹈。

（1）东北秧歌。东北秧歌是汉族民间舞中最具北方特色的舞蹈，是我国广大人民群众喜闻乐见的民间舞蹈形式。东北秧歌形式诙谐、风格独特，它的那股狠劲儿、泼辣劲儿、稳劲儿、美劲儿将东北人民热情质朴、刚柔并济的性格特征和生活情趣表现得淋漓尽致。东北秧歌有三种表现形式：一是高跷秧歌；二是二人转；三是地秧歌。秧歌表演时的主要道具是手帕和扇子，也有拿花棍或是提花灯的。东北秧歌是通过走相、稳相、鼓相和手巾花的表演变化体现舞蹈风格和特点的。

（2）云南花灯。云南花灯是在云南汉族地区广为流传的一种民间舞。花灯歌舞内容丰富、情节简单，舞蹈朴实明快、优雅别致，曲调柔美、风格鲜明。花灯歌舞有四种类型：一是"团场"；二是有简单歌唱成分的小型歌舞；三是有人物情节的歌舞；四是有人物和情节的歌舞小戏。云南花灯的道具是扇子和手绢，舞蹈中的扇花、崴动独具特色，二者是构成云南花灯有别于其他汉族舞蹈的重要标志。

2. 藏族舞

藏族人民生活在西藏、四川、青藏高原地区，是一个能歌善舞的民族。他们善于以歌述怀、以舞抒情，歌舞是他们生活中不可缺少的组成部分。藏族舞蹈形式多样，内容丰富，动律奇特，风格古朴，颤、开、顺、左、绕是各类藏族舞蹈的共同点。藏族民间歌舞分为自娱性和表演性两种，自娱性歌舞有谐、卓、果谐等，表演性歌舞包括堆谐、热巴等。

（1）谐。"谐"又称弦子，是历史悠久的藏族歌舞形式，源于四川巴塘，流行于四川、云南、西藏、青海藏族地区，因由男舞者边领舞边以弦乐二胡或牛腿琴伴奏而得名。藏语称之为"叶"或"康谐"。各藏族地区的弦子形式相同，舞蹈动作松弛柔美、细腻流畅。舞步多由靠、撩、点、转、拖等动作组成，与手臂动作的摆、掏、撩、甩配合自如。

（2）卓。"卓"汉语称"锅庄"。卓是一种劳动气息浓厚、粗犷豪放的藏族古老的歌舞形式，种类繁多，风格各异。卓是一种无伴奏的舞蹈形式，一般分为三段：第一段平稳缓慢，曲调深情，舞姿稳重矫健；第二段舞姿粗犷豪放；第三段快板飞腾激越。

（3）果谐。"果谐"是围着圆圈歌舞的意思，是一种自娱性歌舞，是每逢吉日时人们在一起跳的舞蹈。它流行于雅鲁藏布江流域的广大地区。"果谐"的表演程式是男女各站一排，牵手成圈或男女交织成圈，随歌起舞，载歌载舞，没有乐队伴奏，一般男领一段，女和一段，一曲接一曲。歌舞节奏由慢而快，快板舞蹈随曲调节奏转为激烈奔放，动作由踏、踢、悠、跳、转组成，舞姿奔放流畅。

（4）堆谐。"堆谐"就是汉语中的"踢踏舞"，它是源于雅鲁藏布江流域地区、位于日喀则以西至阿里整个地区的圆圈舞，后来逐渐盛行于拉萨。堆谐的音乐和舞蹈有完整的程式，有引子和尾声。正曲由"降谐"（慢板）和"觉谐"（快板）组成，舞蹈是膝关节松弛，脚下灵活，以踢、踏、悠、跳等脚部动作踏出有规律、有变化的各种节奏来表达情感。"堆谐"具有朴实自如、轻巧灵活的风格特征。

3. 蒙古族舞

蒙古族人民能歌善舞，他们居住在广阔的草原上，草原上的畜牧生活培养了蒙古族人民勇敢、热情、豪爽的性格，他们善于在舞蹈中淋漓尽致地表现牧人的生活，表达他们的美好感情。蒙古族舞的特点是热情奔放、稳健有力、节奏欢快、质朴端庄。肩部动作丰富、灵活、富有弹性；腕部动作是在掌、腕平直的姿态上，以脆韧相间的提压手腕带动整个手臂的舞动，上身端庄，身体多为摆身、推身和靠身的动作。步法上强调双膝的屈伸沉而柔韧，双脚落地扎实，脚下稳重，舞蹈时强调舞姿的"圆"和眼神的"远"。蒙古族舞大体可分为三类：民间舞蹈、宗教舞蹈、宫廷舞蹈。传统的蒙古族民间舞蹈形式有安代舞、盅碗舞、筷子舞、狩猎舞等。

（1）安代舞。安代舞是一种群众性的即兴舞蹈，人数不限。舞者手持绸巾随歌起舞，动作简单豪放，气氛热烈欢腾。

（2）盅碗舞。盅碗舞属于礼仪舞蹈，多出现在庆功酒宴上，是女子舞蹈。舞者头顶着碗，双手各持两个酒盅，随着音乐的节奏相击，发出清脆的声音，舞蹈端庄稳健，双臂和后背动作细腻，给人以精湛、优美、典雅的感觉。

（3）筷子舞。筷子舞是一种常见的蒙古族舞形式。舞者双手各持一把筷子，按节奏需要用筷子敲打手臂、肩、腰、腿、地面等部位，配合耸肩、跪地、下腰等动作。舞蹈风格粗犷强健，节奏性强，给人以热情奔放的美感。

（4）狩猎舞。狩猎舞是一种猎人跳的自娱性很强的男子舞蹈，多是集体舞形式，表现狩猎时及狩猎后的喜悦，风格活泼、畅快、洒脱。

4. 维吾尔族舞

辽阔的新疆地区素有"歌舞之乡"的美誉，那里的歌舞艺术绚丽多彩。新疆南北地区的自然环境和经济发展的不同，使维吾尔族各种舞蹈既有共同的风格，又有不同的地区特色。维吾尔族舞的主要特点是身体各部位的动作同眼神配合传情达意，昂首、挺胸、直腰是体态的基本特征，通过动、静的结合和大、小动作的对比以及移颈、翻腕等装饰性动作的点缀，形成热情、豪放、稳重、细腻的风格韵味。其特点还表现在：

①膝部连续性的微颤或变换动作前瞬间的微颤，使动作柔美、衔接自然。

②旋转快速、多姿和戛然而止。各种舞蹈形式的旋转，均各具特色，通常在舞蹈的高潮时做竞技性旋转。

③音乐伴奏多用切分音、符点节奏,弱拍处常给以强奏的艺术处理,用以突出舞蹈的风韵和民族色彩。舞蹈中,头、肩、腰、臂、肘、膝、脚都有动作,更具代表性的传神的眼睛,还要加上"移颈"(俗称动脖子)、"弹指""翻腕"等一系列的小装饰,形成了维吾尔族舞的特点。维吾尔族舞大致主要由六种形式组成:"赛乃姆""多朗""萨玛""纳孜尔库姆""夏地亚拉"和其他道具舞蹈。下面介绍"赛乃姆"和"多朗"两种形式的舞蹈。

(1)赛乃姆。"赛乃姆"是一种自娱性舞蹈,不管是什么场合,只要是喜庆的日子,男女老少都来跳舞,自由进场,即兴发挥,还可以和场外的人进行交流,邀请围观者进场一同跳舞,使人感到亲切、气氛融洽。人们在乐鼓声、伴唱声中翩翩起舞,直到尽兴。

(2)多朗。"多朗"来自塔里木盆地多朗地区(中国西北)。多朗舞有着结构严谨的舞蹈形式,开始跳舞以双人对舞为主,多少对不限,中途不能退场,一直跳到竞技开始,竞技是旋转,随着乐曲的不断变化,竞技的人逐渐减少,直到只剩下一个人,这时到了舞蹈的高潮,在众人的喝彩声中结束。舞蹈自始至终都在"多朗木卡姆"的音乐伴奏下进行,热烈而欢快,是维吾尔族人民非常喜爱的一种舞蹈。

5. 傣族舞

傣族人民主要聚集在我国云南省的瑞丽、西双版纳、耿马和孟边等地区,长期在炎热的亚热带气候环境中劳动、生活。傣族人民喜欢平稳、安详的节奏,挑担、走路都像轻盈起舞,悠然自得。傣族舞的风格特征:优美、含蓄、灵巧、质朴。动作特点:膝关节均匀延绵地屈伸,上身向旁倾斜,下肢保持半蹲,腰、胯、手臂成曲线,整个身体、手臂及下肢均形成特有的"三道弯"体态造型。动作中手脚同出一侧,形成一边顺的特点,使舞姿线条柔和、优雅,动律安详、舒缓。傣族舞有20多种,最典型的是"孔雀舞"和"象脚鼓舞"。

(1)孔雀舞。孔雀舞是傣族盛大节日和隆重聚会时,在广场上表演的道具舞蹈。舞蹈时,舞者头戴宝塔形金冠及面具,身背孔雀架子的道具,以象脚鼓、镲伴奏,有独舞、双人舞、三人舞以及歌舞剧等表演形式。

(2)象脚鼓舞。象脚鼓舞是自娱性兼表演性的男性舞蹈。傣族一般统称"嘎光"。象脚鼓是根据鼓形似象脚而得名。这种舞蹈以击象脚鼓动作为主,表演时要求舞者的舞姿、韵律和鼓的音色、鼓尾的变动融为一体,达到人鼓合一的境界。舞蹈动作灵巧、敏捷,表演乐观风趣。

6. 朝鲜族舞

朝鲜族人民主要居住在吉林省延边自治州、长白山等地区。他们是从事水田种植的古老民族,其民间舞具有农耕劳作的特征,是在传统农业文化的基础上形成的。其民间舞蹈由三大部分组成:外来舞蹈,主要有农乐舞、长鼓舞、僧舞、刀舞、牙拍舞、手拍舞、初目舞、绩麻舞、鹤舞、龟舞、狮子舞、巫舞等;延边地区的舞蹈,主要有顶罐舞、沙帽舞、背架舞、汗衫舞、手巾舞、阳伞舞、碟子舞、弓舞、扇子舞；群众的自娱性舞蹈，多为即兴发挥的舞蹈，主要有快吉那庆庆那内、嗡嗨呀、嚆尔拉哩等。朝鲜族舞动作多为即兴性的，其特点是幅度大，表演者的内在情绪与动作和谐一致，善于表现潇洒、欢快的情绪。其伴奏音乐旋律优美，节奏多变。朝鲜族舞优美典雅，其舞姿或柔婉袅娜，如仙鹤展翅，如柳枝拂水；或刚劲跌宕，活泼潇洒，反映出明朗激昂与细腻委婉、含蓄深沉的民族性格。"对称"关系更是朝鲜族舞中的重要体现。其一，从动作上看，朝鲜族舞动作多是圆形的。手臂是圆形的，身体是圆形的，路线也是圆形的，因此不管是静态造型还是动态运动轨迹都体现出这种完美的对称方式。其二，从舞蹈形态角度看，朝鲜族舞在形态上体现为围、拧、含、曲、圆，主要的动作部位在上肢，而上肢的基本形态又主要体现在手臂、手位上。然而，不论是折臂，还是各种手位，也都具有上述的"对称"关系。在舞蹈中体现为一种整齐、沉静、稳重、和谐之美感。其三，从表演形式上看，特别是气息运用上朝鲜族舞也体现出"对称"关系。气息运用是朝鲜族舞表演中一个非常重要的环节，它是动律与风韵、内在美与舞姿美的融合，是通过特有的节奏，经由呼吸方法及气息运用达成的。每种节奏都有其特定的鼓点和击鼓方法，亦有与其特点相应的舞蹈动作，而且要求舞者的呼吸必须与节奏相吻合。

二、舞蹈的功能

作为艺术家能动反映的产物，舞蹈不可能是一种自在之物，而是带有一定目的和意义的，具有某种价值，适应人类的某种需要。舞蹈艺术在反映现实生活的同时，就必然会反作用于社会生活。正确认识舞蹈的社会功能，了解它能够干什么、不能够干什么，对于进一步理解舞蹈的本质特征，把握舞蹈在整个社会生活中的地位和价值具有重要意义。

关于舞蹈的社会功能，中外学者都发表过不尽相同的种种观点，但有一点是相通的，即舞蹈艺术作为一种审美的意识形态，它的社会作用总是以审美为核心和基础，离开审美来谈社会功能，都无法触及舞蹈功能的核心元素。审美是舞蹈的一个重要功能。舞蹈的审美作用体现在舞蹈的节奏、表情和构图给人以美感和在舞蹈过程中所获得的身心愉悦。它不仅感染着观者的感情，也鼓舞着舞者本人的情绪，在舞者与舞者之间的情绪互相影响下，从强烈的节奏感中获得更大的精神满足。原始人之所以不能自制地陶醉于狂热的跳舞之中，就是这个原因。但舞蹈的审美功能并不是孤立地单独存在，而是结合着一种动机或一种感情去为某种目的服务，所以舞蹈的审美功能，往往不是独立存在的。

文艺本身是带有多功能性的，它包含着对人性、人心的深刻体验，对现实生活的敏锐观察，对人类生活前景和命运的终极关怀，故对舞蹈艺术的社会功能的考察，既要将审美愉悦功能置于考察的首位，又要结合审美效果来分析舞蹈可能具有的认识价值、道德价

值、教育价值以及对现实生活可能产生的一切影响。

概括论之，舞蹈的社会功能主要体现在审美愉悦功能、娱乐休闲功能、认识功能、教育功能四个方面。

（一）舞蹈的审美愉悦功能

（1）舞蹈的审美愉悦功能，是指舞蹈带给人们情绪的感染、精神的慰藉和感官的愉悦。这是舞蹈社会功能的核心，是它最重要、最独特的价值。

人们喜爱舞蹈的原始性动机，是为了获得快感，为了娱乐，而不是为了听取训诫。马克思曾明确指出，艺术是"生产娱乐的劳动"，舞蹈的审美愉悦功能，来自它所创造的艺术美。舞蹈的审美愉悦功能，首先表现在它的抒情性。具体来说，可理解为自娱自乐、抒发情怀。舞蹈是一种生命形式的跃动，有生命的地方就有生命形式的跃动，就有欢悦的舞蹈。用舞蹈来表达内心的欢悦之情是人类共同的生理、心理现象，这种共同的人性，不受地域、民族、阶级、阶层的限制。"舞以达欢"，这是我们的先人对舞蹈功能所作的十分精辟的概括。古人还说："盖乐心内发，感物而动，不觉手足自运，欢之至也。此舞之所由起也。"对于舞蹈的起源，学者们众说纷纭：劳动说、游戏说、宗教巫术说、性爱说等，都持之有故，言之成理，但我们以为自娱自乐、抒发情怀，至少也应当是舞蹈产生的原因之一，"此舞之所由起也"。我们的祖先，在用舞去娱神、娱人之前，首先是用舞蹈来自我娱乐，用舞蹈来抒发自我的情绪和情感。最古老的舞蹈大多是自娱性舞蹈，舞蹈表达了先民的原始思维与原始情感，所以闻一多先生说："舞蹈是生命情调最直接、最实质、最强烈、最尖锐、最单纯而又最充足的表现。"人类的这种自娱意识从古至今，延续了千万年，至今仍然十分强烈地存在着、发展着，所以当前社会生活中自娱性舞蹈，仍然是舞蹈中最为普遍存在的一种。舞蹈参与者在自身形体有节奏的律动中，充分感受到自我的存在，感受到生命的活力，感受到自我显示的形体之美、气质神韵之美、节律之美和力量之美；在内情外化的运动过程中，同时获得精神和肉体的美感和快感，进入身心合一、内外交融的美妙境界。

（2）舞蹈艺术擅长情感的抒发，富于诗意与幻想，善于挖掘和表现人物深刻的内心世界。作为一种视觉艺术，舞蹈以深远广大的意蕴，给人们创造了一个充分展开想象的空间，其魅力丝毫不逊色于语言。以《天鹅湖》第二幕中奥杰塔与王子初次相遇时的慢板双人舞为例，在这段双人舞中，爱情从萌芽之后发展到热恋，如果把它翻译成话剧台词，无非是："您是谁？别伤害我""我是王子，请相信，我绝不会伤害您""可怜我们都受魔法的禁锢，只有忠贞不移的爱情才能使我们解脱魔法，重获人形"等语言。在舞蹈艺术中，虽然没有具体的语言叙述，但人们能体验到爱情的炽热和纯真，产生对天鹅姑娘的深切同情。在这段双人舞中，爱情的炽热与纯真得到审美化的艺术表现，观赏这样热烈舒展的舞蹈，人们会获得一种愉快的审美体验。表现生活中美好的一面能带给人审美愉悦，表现生活中丑的一面也能带给人们美的享受，从情感维度发力，对丑的认识能让人更敏锐、更深刻地认识美，从而拓展艺术的表现空间，丰富人类的审美心理层次。舞蹈的审美愉悦功能，还体现在它的表现性上。具体来说，可理解为欣赏愉悦、陶冶情操。作为艺术品种之一的舞蹈，具有可供人们欣赏愉悦，进而达到陶冶人们情操的作用。优秀的舞蹈作品在培养观众的审美能力、提高艺术修养方面，有着重要的作用。马克思说："艺术对象创造出懂得艺术和能够欣赏美的大众。"这就是说，优秀的舞蹈作品能够培养和提高人们高尚的艺术品位和审美能力。

（3）舞蹈具有一种直接表现情感的特性，即舞者直抒胸臆，通过美妙动人的抒情舞姿，透露出人性的品格美，赞美人性的真善美，是内容与形式的完美统一。如《金色的孔雀》这支舞，是舞者对客体世界的主观感受和情绪反映。它们没有具体的情节内容，也不刻意反映和模拟具体的客观事物，舞蹈形象就是舞者本人的形象，是舞蹈者以舞来直抒胸臆，使得自然景物变成活动的和有人格特征的拟人的特殊形象。它能传达给观众舞者的生活感受、强烈情感和内心活动。舞蹈的抒情性与表现性共同构成了舞蹈的审美愉悦功能，在欣赏舞蹈或是表演舞蹈的过程中，观众与舞者都能获得快感，长期的舞蹈体验还有助于提高人们的审美趣味，塑造审美人格。不同于一般的快感，审美快感是在具体、鲜明、生动的艺术形象中所蕴含的高尚的人文精神和博大真挚的情感，这不仅是心理调节，还是精神陶冶。

（二）舞蹈的娱乐休闲功能

舞蹈不仅具有审美意义，还具有娱乐的功能，特别是在中国古代少数民族的舞蹈艺术中，娱乐功能更加突出。在古代，人们在丰收、结婚等人生大事的过程中，常常用舞蹈的形式来表达自己愉悦的心情。在今天快速发展的社会中，人们的生活步伐不断加快，舞蹈在人们生活中所扮演的角色愈发重要。通过舞蹈，人们达到放松的目的，同时，为自己带来美好的心情。舞蹈和人们的生活息息相关，人类的社会生活也离不开舞蹈这种艺术形式。舞蹈作为一种特殊的艺术和语言表达形式，能够通过肢体语言来表达人们内心深处隐秘的情感，这是人类社会中常见的现象。舞蹈艺术的娱乐休闲功能，具体体现在交流情感、增进友谊和增强体质、延长青春两个方面。

（1）舞蹈能交流情感、增进友谊。舞蹈艺术作为千百年具有传承性的无声语言，蕴含了人类历史的发展历程。在原始社会，人类的语言表达功能还不够完善，在劳作狩猎过程中常常用舞蹈来表达自己的情感。这种动作性语言具有比较强烈的感情色彩，是情感表达的重要手段，可以用来加强情感之间的交流。舞蹈的原始意义，是为了表达情感而存在的，它依靠一种奇妙的无声肢体语言，表情达意，具有强烈的情感感染能力。这种特殊的艺术形式，可以超越民族、语言的障碍，成为人类交流和加深情感的重要手段，它使情感跨越文字、语言与地理的鸿沟，实现互动。如巴西的桑巴舞、坦桑尼亚的赛洛舞、巴基斯坦的卢迪干、湘西的摆手舞等，这些舞蹈产生于不同的国家或地区，却同样在劳动、节庆、婚丧、祭祀、礼俗中得以展示，承载着一方土地的文化内蕴，人们可以通过舞蹈在社

会活动中进行交流与交往，以增进彼此情感、思想的联系。随着社会的发展，舞蹈作为一种表演艺术形式，在舞台上得以呈现的机会越来越多，舞蹈表演也能实现舞者与观众之间的情感交流与思想互参。

（2）舞蹈能增强体质、延长青春。舞蹈动作也是运动的形式，恰当的运动对人体的身心健康都非常有益。舞蹈作为一种特殊的运动，能够帮助参与者达到身心的相互协调，对于延缓人体的衰老有着尤其重要的意义。不仅如此，舞蹈还和其他的运动形式一样，有利于人体的新陈代谢和身体机能的恢复。舞蹈作为一种艺术化的运动形式，能与音乐有机结合起来，增添舞蹈体验的趣味性，使体验者能感受到特殊的愉悦感，同时，起到增强体质、延长青春的作用。

（三）舞蹈的认识功能

舞蹈的认识功能，是指舞蹈能够扩大人的认知领域，具体包括对自然界、人类社会以及人自身的认识。艺术是一面真实、生动、形象地反映社会生活的镜子，是一定时代和社会的人类生活的艺术折射。舞蹈作为艺术的一种表现形式，同样承载了丰富的社会内涵，具有认识功能。舞蹈的认识功能，主要体现在两个方面：一是对社会生活的认识；二是对人自身的认识。

（1）舞蹈能帮助人们了解社会，认识世界。从舞蹈的起源和发展的历史来看，舞蹈是人类社会的产物。有什么样的社会就产生什么样的舞蹈，但反过来它又作用于社会，又能反映社会生活。舞蹈史虽然是舞蹈本身的历史，但它是社会文化发展史当中一个重要方面，通过舞蹈，可以了解和认识社会的心理特征、精神风貌以及社会的各个侧面。中国古代思想家常常以某个朝代的乐舞风气去评价它的兴亡盛衰，就是这个道理。如湘西摆手舞，如果大家观看或体验过湘西摆手舞，一定会为这种艺术形式所惊叹。因为摆手舞肢体语言粗犷、豪放、有力，队伍整齐有序，变化运动但不乱章法，显示出高度的团结协作，一致的步调、和谐的动作，都彰显出极强的纪律性与规范性，从中可窥见摆手舞表现了湘西族群起源、形成和自然意识、族群意识觉醒时期的生活和观念，其内容艺术地表现出了湘西人的历史、文化、生活、生存面貌，揭示出湘西人勤劳、无私无畏的品质，也显示出其英勇顽强、斗志昂扬的族群精神。

（2）舞蹈不仅能帮助人们了解社会、认识世界，还能帮助人们了解人类自身。舞蹈作为一种形体动作，它对刻画与表现人类自身的情感，是极为擅长的。人对自我的认识，往往是通过自我认同来实现的。在现实生活中，人们受社会风俗、伦理观、政治观、宗教观等束缚，往往不愿或不敢去面对和反思自己心灵深处的东西，而舞蹈本身蕴含的丰富情感与舞者赋予舞蹈的真切感受，能引发观众或是舞者自身对自我的探索与反思，这些舞蹈形象，为人们提供了远比实际经验更鲜明生动的人格类型，为人们提高自己的认知水平提供了可能性。

（四）舞蹈的教育功能

舞蹈的教育功能，是舞蹈的意义所在，通过舞蹈的审美教育，在道德品质和思想情操上给人以影响。但它不是以某种抽象的道德原则进行说教，而是把道德准则通过审美功能体现出来，使人从情感上受到感染，发自内心地体验到这一原则的崇高性，把它变为自己内在的心理欲求。过去历史上一些有见识的统治者也重视舞蹈教育，原因就是他们懂得舞蹈教育功能这一特征。如我国古时的周代，"设乐师掌国学之政，教国子小舞。凡舞，有帗舞，有羽舞，有皇舞，……"（《周礼•春宫》）其目的就是利用舞蹈的审美功能，潜移默化地把一整套封建道德礼教观念，输入贵族子弟的思想情感之中。

每一个学习舞蹈的人在学习过程中，都能体会舞蹈带给我们积极、进步、快乐、感动的正能量，舞蹈被称为"人类艺术之母"，它以凸显真、善、美为其终极目标。舞蹈的教育功能主要体现在以下四个方面。

1. 舞蹈训练与德育

舞蹈训练在塑造良好的思想品德、不断完善个性心理特征方面有很大的作用。作为观众，当在台下看到光鲜亮丽的表演者以及他们精彩绝伦的舞姿时，他们对其该是多么的赞美与羡慕啊！但也肯定不可否认，舞者们为保持优美的体形和舞姿，必定经历艰苦的训练、疼痛的折磨，从而潜移默化地造就他们坚韧不拔的优良品质。长期的实践证明，舞蹈能促进人格的态度特征、意志特征、情感特征和理解特征的形成与发展，如诚实、正直、自尊、自信、自制、自主、独立、镇定、顽强、果断、认真、负责、热情、奔放、细致、敏锐、幻想、敢为等个性特征。舞蹈的节奏、姿态、动作能够塑造健美的形体，培养端庄的举止，净化整个心灵世界。舞蹈注重形、神、意的协调统一，以节律、姿态、动作的完美结合赋予舞者外在与内在独特的美感、气质和魅力。这一切都赋予了舞蹈独特的德育效果。

2. 舞蹈训练与智育

舞蹈训练与提高人的智力是有很大关系的，脑力的训练与提升虽然有很多途径，但由于舞蹈训练从人体出发，并在音乐中完成身、心、脑的统一，它开启的思维方式也最为直接、最为有效、最为全面。学生在学习舞蹈的过程中，需要全身的协调配合，对动作的协调性、均衡性、全面性和精细性要求都很严格。学生在学习中可以极大地调整、平衡大脑的发展，使之更加灵活、敏捷。此外，舞蹈是舞者用其肢体动作来表达人类对真、善、美的追求和向往，通过动作表现人类的内心境界。一个舞者在完成某个动作的过程时，要经过一个模仿、感知、理解、吸收、创造和发挥的过程，此过程本身就需要舞者充分发挥想象力和创造力等智力因素。舞者只有在发挥自觉能动性的基础上，才能更好地把握舞蹈的内涵。因此，舞蹈是一种对生活的理解、提炼、加工、再升华的过程，是人类智力和创造力的一种出色表现。可见，舞蹈的语汇能力能激发学生的想象力，进一步促进学生思维能力的发展。

3. 舞蹈训练与体育

舞蹈训练对增强身体素质有极大的积极作用。为了更准确到位地表现舞蹈内涵，为了更长久轻松地保持良好的体形，为了更柔和精致地表现舞蹈的美感，舞者必须进行形体训练。这种训练与日常的体育训练有相同之处，比如热身训练、耐力训练以及协调性方面的训练，但同时又严格区别于体育训练，表现在对身体专门素质的训练，如力量、柔韧性、控制力、稳定性、协调性、灵活性和耐力等。这一整套全身的运动有助于身体各器官系统的全面发展。自身体会及研究均可证明，挺胸抬头可使胸部得到充分发展、胸围扩张、吸氧量增大，能保证肌体氧气的充分供应；腹腰动作可以促进肝内血液循环，提高胃、肠的消化和吸收能力，改善体内的物质代谢，特别是可以消耗腹腔内多余的脂肪，对于舞者特别是女性舞者来说是倍受青睐的运动方式。又比如对骨骼肌肉的影响，可使肌肉的化学成分得到改善，从而提高肌肉的收缩力，促进肌肉的发展，使肌肉强壮、均匀丰满、柔韧而有弹性，而且肌肉的收缩对骨骼的牵拉作用和新陈代谢的增强，使骨骼的形态、结构和性能都发生了良好的变化，骨质变坚固，关节的稳定性、柔韧性和灵活性加强，骨骼的抗折、抗弯、抗压缩和抗扭转等性能得到提高。

4. 舞蹈训练与美育

舞蹈是表现人体美的艺术，强调形象美、姿态美、线条美、韵律美、动作美等，需要舞蹈演员运用形体动作来表现。舞蹈还具有音乐、美术、体育所不具备的美育功能。舞蹈是一种视听相结合的动态艺术，它使外在形体与内在活动和谐统一。动情的舞蹈把各种形式美的形象呈现在众人面前时，比较容易引起欣赏者的共鸣，使他们从音乐、舞姿、舞蹈情节以及情境中感知主人公崇高的人格和美好的心灵，潜移默化地引导学生在学习的过程中认识美、理解美、把握美、表现美，进而达到净化灵魂、提高境界、丰富知识、陶冶情操的美育目的，帮助学生树立审美观，提高审美能力，培养他们对社会美、自然美、艺术美的感受、理解、想象和创造能力，完善审美心理结构，促进身心健康发展。

知识与技能拓展

一、舞蹈欣赏的本质

舞蹈欣赏是人们观赏舞蹈演出时的精神活动，是对舞蹈作品感受、体验和理解的整个过程，是欣赏者通过作品中所展现出的动态形象来感知客观世界，并产生共鸣，进而陶冶性情的思维过程。

舞蹈欣赏需要观赏舞蹈作品,但观赏舞蹈作品不一定就是舞蹈欣赏,因为观赏舞蹈作品可能出现三种情况。第一种情况是由于观众主观原因,如心不在焉、理解能力不够等,虽然观看了舞蹈,但舞蹈没给他留下任何印象,没能激起任何情感共鸣。第二种情况是观众在观看舞蹈的过程中,只偏重于对舞蹈动作进行科学性、知识性的探索。第三种情况是观众在观看舞蹈的过程中,通过对舞蹈形象的把握,发挥想象力,能认识到舞蹈所反映的社会生活,体会到舞蹈所蕴含的思想感情,潜移默化地接受感染、提高认识、受到教育,从而获得精神的满足感与情感的愉悦感。显而易见,只有第三种情况下的观赏舞蹈才能被称为舞蹈欣赏,因为在这种情况下,观赏者获得了审美的享受。换而言之,审美享受是舞蹈欣赏的本质属性之一,有无审美享受,是判断该种观赏舞蹈是否是舞蹈欣赏的根本标志之一。但是舞蹈欣赏并不仅仅是观赏者消极被动地接受舞蹈创作者思想情感的思维过程,在欣赏过程中,观赏者所获得的审美体验与创造者所传达的审美体验并非雷同。在西方文化里有一句谚语:"一千个读者就有一千个哈姆雷特。"舞蹈表演的过程,是从生活到形象再到肢体语言的过程,而舞蹈欣赏的过程,是从肢体语言到形象再回归生活的,由于个体的生活经验与情感体验具有特殊性,在这层意义上,舞蹈欣赏还是观赏者思维、情感的再创造过程。换而言之,再创造性,是舞蹈欣赏的另一本质属性。任何艺术作品创作出来,都离不开接受与欣赏,舞蹈艺术也一样。论其本质,舞蹈欣赏是检验舞蹈作品社会功能的手段,更是实现作品价值的重要途径。

二、舞蹈欣赏的特征

各种艺术形式都有其不同的表现手段。如文学艺术的表现手段是语言、文字;绘画艺术是以色彩、线条、构图为基本手段;音乐的表现手段是旋律、节奏、和声;而戏剧主要是以语言、歌唱和动作为主要表现手段。舞蹈作为一门独立的艺术形式,与其他艺术形式相比,除了具备艺术的共性外,还具备自身的特性。与之相应,舞蹈欣赏也具备自身独有的特征。

(一)舞蹈欣赏是以人体动态美为对象的审美活动

马克思在《1844年经济学哲学手稿》中有言:"人是按照美的规律来建造的。"作为一种艺术样式,舞蹈同样是按照美的规律创造出来的,舞蹈创造者以自己独特的审美视角来理解世界与生命,将美好的部分加以提炼,将丑陋的部分加以加工改造,使之以完美、感性的形式呈现,从而给观赏者以美的享受。舞蹈是以人体为表达方式的艺术,反过来说,舞蹈艺术是通过人类的肢体语言来呈现的。在舞蹈艺术的领域里,无论是塑造人物、表达情感,还是营造意境,都必须凭借舞蹈动作才能加以实现。舞蹈动作是通

过对现实自然事物的模拟、象征，并经过艺术加工、组织、提炼和美化了的动作。这种通过动作过程创造出情感语言和美的形式来向人们传情达意、进行情感交流的艺术特点就是舞蹈艺术的特性，也是舞蹈与其他艺术形式最重要的区别。而舞蹈欣赏是人们观看舞蹈表演时产生的一种精神活动。欣赏者通过作品中所展现出的动态形象，即富有审美价值的形象、动作、造型、构图、技巧等因素所组成的形式来感知客观世界，并产生共鸣，进而达到陶冶性情、启迪思想的目的。如舞蹈作品《哈达献给解放军》，编导将舞蹈动作聚焦在道具"哈达"的运用上，"哈达"时而是战士手中劳动、作战的工具，时而被幻化成"教室""桌子""黑板"等。当一座座崭新的教学楼矗立起来时，藏族女孩深情地把"哈达"献给解放军。通过以"哈达"为核心的一串舞蹈动作，整支舞蹈所传达的社会背景与情节故事变得流畅婉转起来，舞蹈不断涌向高潮，传达出强烈的感情意蕴，烘托出军民鱼水一般的情谊。在舞蹈欣赏的过程中，观众从始至终都是通过丰富形象的肢体语言来理解作品所表达的内容与思想，与作品所传达的精神产生共鸣与感动，从而使观众获得完美、感性的审美享受。所以，我们说舞蹈是通过人体动作过程创造出情感语言和美的形式来实现表情达意的。因此，舞蹈欣赏是一种以人体动态美为对象的审美活动。

（二）舞蹈欣赏是一种综合性的审美活动

舞蹈以形象生动的肢体语言为呈现手段，其强烈的视觉性构筑起其他艺术形式难以媲美的艺术形象性，这种形象性使得舞蹈的抒情特质得到强化，能更好地描绘与表达人们丰富的精神世界和细腻的情感体验。但舞蹈的形象性，并不能仅仅依靠肢体语言来构建。因为舞蹈本身是一种综合性的舞台艺术，以肢体语言为主，以音乐、舞台美术、诗歌文学等为必要的辅助部分。舞蹈欣赏，也不仅仅是欣赏肢体语言，而是包含了对舞蹈各个重要组成部分的整体性欣赏过程。换而言之，舞蹈是一种综合了视觉美与听觉美的艺术样式，从这个意义上看，舞蹈欣赏是一种综合性的审美活动。

舞蹈和音乐的联系最为紧密，舞蹈不能脱离音乐独立存在，而音乐在舞蹈中的作用也是不可替代的。首先，音乐能帮助舞蹈塑造艺术形象；其次，音乐能对舞蹈环境进行渲染，对舞蹈气氛进行烘托；再次，音乐具有强烈的情感性，能反映人物的思想感情，表现人物的性格特征；最后，音乐还能交代和展现剧情。这里的音乐，不仅仅指代音乐旋律，还指代随着身体动作而起伏共鸣的其他声响。舞蹈家吴晓邦曾经说过："就是一个无伴奏的舞蹈，虽然没有声音，但它在无声中也有一种节奏动作，会使人感到无声胜有声。"从广义上来说，这种有节奏的声响，就是音乐的基本因素；而无声伴奏的动作也是因为依据某种节奏而起舞的。欣赏舞蹈，本身就是一种视、听觉相结合的审美活动，音乐弥补着舞蹈的"局限"，而舞蹈则给音乐作出生动形象的视觉补充。

舞台美术也是舞蹈艺术非常重要的表现手段之一。舞台美术包括服装、道具、布景、灯光、化装等。它们对展现舞蹈作品所处的时代、环境、民族特色以及人物的身份，甚至是帮助表现人物的思想感情，推动情节的发展，都有着不可忽视的作用。如舞剧《红色娘子军》，艺术家们精心设计的舞台场景，一会儿把观众带入南霸天囚禁琼花阴暗的地牢里，一会儿又是明朗的红军根据地，这变换的场景不仅烘托了气氛，展现了作品所处的时代、环境，还推动着剧情的发展。

舞蹈作品中所包含的文学性也是不容忽视的。我国古老的原始乐舞本身就是熔诗歌、音乐、舞蹈于一炉的艺术形式。用诗歌来描述舞蹈，如白居易所写《霓裳羽衣舞歌》和《胡旋女》；用舞蹈来体现诗歌的意境，如当今作品《踏歌》；再者，直接以文学名著改编的舞蹈作品更是比比皆是，如《红楼梦》《祝福》《堂吉诃德》等。

随着舞蹈艺术所表现的生活内容变得越来越复杂，特别是舞剧，舞蹈艺术的综合性发展水平不断提高。以人体动作为表现手段，将多种艺术形式融合在舞蹈艺术之中，极大地增强和丰富了舞蹈艺术的表现能力。这种综合性的艺术展现方式也决定了舞蹈欣赏不同于其他艺术欣赏的重要特征。

（三）舞蹈欣赏是一种情与理相互渗透的心理活动

托尔斯泰在《艺术论》中写道："艺术是这样的一项人类活动：一个人用某种外在的标志有意识地把自己体验过的情感传达给别人，而别人为这些情感所感染，也体验到这些情感。"先且不论这种用情感来定义艺术的说法是否正确，这种观点中所传达出的情感对于艺术的重要性自然是有道理的。舞蹈欣赏的本质属性之一就是审美享受，而审美享受在一定意义上就是指观赏者所获得的精神满足感与愉悦感。因此，没有观赏者的情感参与，舞蹈欣赏就很难真正实现。舞蹈艺术渗透着舞蹈创作者的情感，舞蹈创作者所呈现出来的舞台艺术、肢体语言与音乐节奏等，不可避免地带有创作者的主观情感，观赏者在舞蹈欣赏的过程中，不仅要感受到舞蹈作品所蕴含的情感意蕴，与此同时，还会主动积极地对这些情感意蕴做出反应，调动自己的情感与记忆，随着舞蹈作品的起伏变化而产生喜怒哀乐的情绪，形成审美享受。但舞蹈欣赏并不仅仅是一种情感活动，因为舞蹈艺术能动地反映社会生活，不仅渗透着创作者的主观情感，还反映了客观真实的现实社会，这不仅赋予了舞蹈审美性与娱乐性，更赋予了舞蹈认识性与教育性。当观赏者通过舞蹈对现实生活与广阔社会产生体悟时，理性便参与进来。在舞蹈欣赏的过程中，理性是存在于审美享受之中且无法抽离的。以杨丽萍经典舞剧《孔雀》为例，整部舞剧分为《春》《夏》《秋》《冬》四个篇章。《春》传达出生命的勃勃生机与盎然萌发，《夏》表达出青春的躁动与疯狂，《秋》呈现出成熟的祭献与哀愁，《冬》蕴含着涅槃的淡定与向死而生的彻悟。音乐、舞台美术与肢体语言构建了一个个极富有情感性的符号，观赏者在对这部舞剧进行舞蹈欣赏时，不仅能体会到舞中涌动的起伏强烈的情思，也能感受到舞蹈形象向往自由、追求生命本真的美好情怀，在产生审美享受的同时，也会对表演者高超的表演艺术进行肯定与赞扬，其间也蕴含着理性的判断与探索。

课后思考与练习

1. 什么是舞蹈？关于舞蹈的起源有哪几种说法？
2. 舞蹈按风格分为哪几种形式？请对这几种形式进行简单叙述。
3. 六大民族民间舞的风格特征各是什么？
4. 舞蹈的教育功能体现在哪些方面？

第二章 舞蹈基础及动作训练

教学任务与目标

通过本章的教学，让学生在规范的舞蹈教学中打下扎实的舞蹈基本功。通过对身体各部位的训练使学生建立良好的舞蹈形态；让学生在训练过程中逐渐掌握舞蹈所需要的身体形态以及脚、头和手的基本位置；培养动作的协调性和节奏感；通过把上把下的结合训练，在舞姿形成过程中找到动作的延伸感和舞蹈意识，锻炼肌肉的能力，提高控制舞姿的能力。

第一节　地面基本动作及训练

一、地面坐姿训练

正确的坐姿是舞蹈学习的基础，是体现舞蹈美的重要组成部分。只有坐姿规范了，站立姿态及舞蹈动作才会得到控制。

训练目的：通过坐姿组合训练，建立正确的坐姿概念；增强踝关节的绷脚能力以及动作的规范性；加强上体的直立挺拔感，增强胸、腰、背部肌肉的收缩能力；增强膝关节的柔韧性和灵活性，以及胯的开度。

（一）单一动作练习

1. 并腿直膝坐

如图2-1-1所示，面向正前方向，两腿并拢，直膝绷脚，肩部放松，双手放于身体两侧。挺胸直腰，头颈正直，下颌微收。

2. 吸腿坐

吸腿坐包括双吸腿坐与单吸腿坐，如图2-1-2所示。双吸腿坐，在并腿直膝坐的基础上，双腿屈膝，双脚跟离地，双膝、脚跟和脚尖并拢，脚尖向臀部移近。单吸腿坐，在并腿直膝坐的基础上，一腿屈膝，脚跟离地，脚尖向臀部移近，另一腿保持直膝。做动作时，保持挺胸直腰，头颈正直，肩部放松，双手放于身体两侧。

图2-1-1　并腿直膝坐

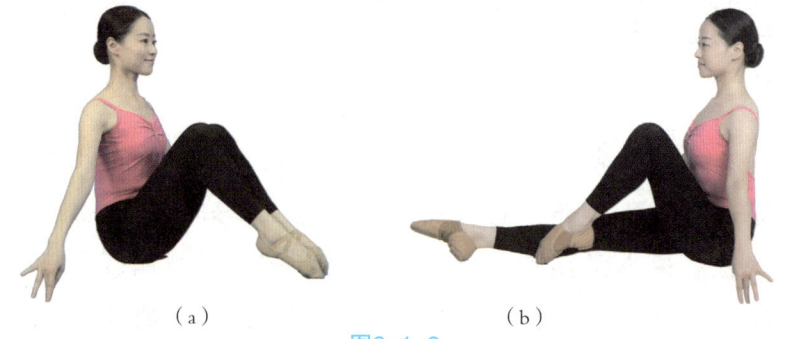

（a）　　　　　　　　　（b）

图2-1-2
（a）双吸腿坐；（b）单吸腿坐

3. 盘腿坐

如图2-1-3所示，在双吸腿动作基础上，两膝分开成盘腿坐，小腿形成交叉位或者脚心相对，双肘放松，双手放于膝盖上。上体保持挺胸直腰，头颈正直，同时，肩部和手腕放松。

（a）　　　　　　　　　（b）

图2-1-3
（a）交叉盘腿坐；（b）对脚盘腿坐

4. 并腿跪坐

如图2-1-4（a）（b）所示，面对1点，双膝屈膝并拢，臀部坐于双脚后跟上，脚跟保持靠紧，脚背贴于地面，双手放于双腿上或背于腰后。

图2-1-4

（a）并腿跪坐双背手；（b）并腿跪坐双按腿

5. 燕式坐

如图2-1-5所示，燕式坐也称半劈叉坐，在双吸腿坐的基础上，双膝分开，右腿向内屈膝盘腿，左腿向外屈膝盘腿坐或直膝坐，身体对右前方向或者右侧，双手放于身体两侧，挺胸直腰，头颈向上伸直，下颌微收。

6. 前后盘腿坐

如图2-1-6所示，前后盘腿坐，在双吸腿坐的基础上，双膝分开，一条腿向内屈膝盘腿，另外一条腿向外屈膝盘腿坐，身体对前方，双手放于身体两侧，挺胸直腰，头颈向上伸直，下颌微收。

图2-1-5 燕式坐

图2-1-6 前后盘腿坐

（二）坐姿训练组合

1. 音乐

曲一，3/4。

2. 动作说明

前奏8×3拍：并腿直膝坐，双手放于身体两侧。

第1×3拍—第4×3拍：双吸腿，双膝分开，右腿向内屈膝盘腿，左腿向外屈膝盘腿坐，身体对右前方向，左手放于身体前方，中指点地，右手放于身体右后方，中指点地，挺胸直腰，头颈向上伸直，下颌微收。

第5×3拍—第8×3拍：身体对正前方向，双膝上抬并拢，双脚尖点地，低头含胸，双臂屈肘抱膝，然后抱腿，脚尖碎步向左移动，右侧对正前方向。

第9×3拍—第12×3拍：双膝分开成交叉盘腿坐，双手放于小腿交叉处，眼视前方。

第13×3拍—第16×3拍：双腿并吸腿，双手抱小腿，稍含胸，然后身体稍后倾，双臂后撑地，挺胸立腰，眼视正前方向。

第17×3拍—第20×3拍：双手斜后撑地，双脚尖交替点地向正前方向移动。

第21×3拍—第28×3拍：身体右转面对右侧，双手经膝前撑地含胸成并膝跪坐，然后展胸，双手放于背后，身体向左侧拧身对正前方向，收腹直腰、吸气提肋。

第29×3拍—第32×3拍：重心落于右臀部，身体左转90°，面对正前方向双膝并拢成双吸腿坐，经呼气低头含胸，双臂向后撑地，挑胸抬头。

3. 训练要求

（1）每种坐姿都要求上体保持挺胸直腰，头颈正直，肩部放松。

（2）注意动作的连贯性和动作时的呼吸配合。

（3）并腿直膝坐、吸腿坐、并腿跪坐、燕式坐、前后盘腿坐都要求脚背绷直。

4. 教学提示

练习坐姿时从并腿直膝坐开始，可借助墙面来进行，以规范坐姿要求。

二、地面柔韧性训练——压腿练习

训练目的：掌握正确的压腿动作要领；拉长跟腱韧带，训练脚腕的灵活性，增强腿部肌肉韧带的柔韧性。

（一）单一动作

1. 压前腿

双腿分开成90°，直膝坐，上身和胯正对要压的腿，双手上举（图2-1-7），上体向腿部方向下压，背要直立，双肩下沉，头要抬起，以腹部力量压前腿，尽可能腹部贴腿（图2-1-8）。做时要注意呼吸的流畅，下压时呼气，回位时吸气。

第二章 舞蹈基础及动作训练

图2-1-7　分腿90°三位手　　　　图2-1-8　分腿90°压前腿

2. 压旁腿

以压右旁腿为例，双腿分开成90°，直膝坐，身体正对左腿，左臂从侧面上举，不能前倒，右臂置于体前（图2-1-9）。身体向右腿方向侧弯下压，右侧的肩膀置于右腿前，尽量用右后肩和后脑勺去靠腿，手臂尽量远伸，右手贴腰部。做时要注意髋关节不能回缩（图2-1-10）。

图2-1-9　分腿90°四位手　　　　图2-1-10　分腿90°压旁腿

3. 压后腿

以压左后腿为例，右腿曲膝，身体正对右腿，左腿置于体后，左后腿必须保证直膝，双手自然放在身体两侧（图2-1-11），身体向后倾倒压后腿，腰要拔直拉长向后压（图2-1-12）。

图2-1-11　燕式坐指尖点地（侧面）　　　　图2-1-12　燕式坐压后腿

31

（二）压腿训练组合

1. 音乐

曲二，3/4。

2. 动作说明

前奏3×8拍：绷脚并腿坐，双臂放于身体两侧，中指尖点地，准备（图2-1-13）；第3×8拍双手向旁抬起至上举位，与肩同宽，手心相对，保持上举位姿态。

图2-1-13　并腿直膝坐（半侧面）

第一段：

第1×8拍：抬头挺胸向前压腿，胸部靠向大腿，抬头挺胸，手臂往远处伸长，然后还原（①—④身体向下压；⑤—⑧身体向上还原，保持双手上举，与肩同宽，手心相对）。

第2×8拍：重复第1×8拍动作。

第3×8拍：重复第1×8拍动作两次（两拍一动）。

第4×8拍：重复第1×8拍动作两次（两拍一动）。

第5×8拍—第6×8拍：重复第1×8拍动作，然后保持1×8拍压腿动作。

第7×8拍：上身直起，双臂自上向两边分开至侧举，同时右腿向旁打开，两腿形成90°。

第8×8拍：左腿向里盘腿，右脚面朝上绷平，同时双臂成右手体前下举一位，左手上举置于头上方。

第二段：

第1×8拍：保持手臂姿态向右侧压腿，肩背部靠向大腿，然后还原。

第2×8拍：重复第二段第1×8拍动作。

第3×8拍：重复第二段第1×8拍动作两次。

第4×8拍：重复第二段第1×8拍动作两次。

第5×8拍—第6×8拍：重复第1×8拍动作，然后耗压腿1×8拍。

第7×8拍：双臂打开成侧平举。

第8×8拍：身体左转90°，成燕式坐姿（右腿向后伸直外开，左腿向里盘腿），双臂放于身体两侧，中指尖点地。

第三段：

第1×8拍：身体向后倾倒压后腿，肩背部尽量靠向大腿后部，然后还原。

第2×8拍：重复第1×8拍动作。

第3×8拍：重复第三段第1×8拍动作两次。

第4×8拍：重复第三段第1×8拍动作两次。

第5×8拍—第6×8拍：向后耗压腿，保持姿态，后4拍上身直起。

第7×8拍：右手经旁起上举。

第8×8拍：向后弯腰，右脚向后翘起，双手抓住右脚成结环状。

结束2×8拍：双手松开还原成半劈叉坐姿，然后身体右转对正前方向双膝盖离地经正吸腿再转向右前方向，双手放于身体两侧，挺胸直腰，头颈向上伸直，下颌微收，结束。

3．训练要求

（1）压腿时要保证膝盖压平。

（2）压前腿时要求身体与胯正对要压的腿，下压抬头，用腹部去贴腿。

（3）压旁腿时要求身体侧对要压的腿，下压时背部挺直，用后脑勺去靠腿，不能缩胯。

（4）压后腿时要压的腿置于身体正后方成一直线，不能掀胯，下压时身体保持正对体前。

4．教学提示

教师在教学过程中重点是要求学生在压腿时姿态正确，而不是只要求往下压。

三、地面胸与腰的训练

训练目的：胸、腰是躯干的主体，是形体的情感区。舞蹈中许多富有表现力的动作及舞蹈技巧都是通过腰部的能力来完成的，通过呼、吸、挺、含、提、沉等动态的训练和应用，使身体动作更具表现力。

（一）单一动作

1．胸腰

如图2-1-14（a）（b）（c）所示，双腿跪立，双手叉腰，动作始于头部，先向上方抬头，好像有人在上方牵着，将颈椎、胸椎依次拉开；然后向后、向远伸展；最终面部及胸口向上方。胸腰主要依赖肩关节外旋，胸锁关节打开，同时注意头颈部位后伸的配合。

(a)　　　　　　　　　(b)　　　　　　　　　(c)

图2-1-14

(a)跪立双手叉腰挑胸腰；(b)跪立平托手挑胸腰；(c)跪立双展臂挑胸腰

2．腰

双腿跪立稍分开，双手叉腰，头先走，臀部向前用力顶，不要下沉，腰处有一个大骨头用力向前顶，向后下腰成双手抓脚（图2-1-15）。

（二）胸、腰训练组合

1．音乐

曲三，2/4。

图2-1-15　双腿跪立抓腿

2．动作说明

前奏1×8拍＋1×4拍：双腿跪坐，两手放于背后，立腰拔背；最后4拍沉气含胸低头。

第1×8拍：①—④跪立，同时左手经侧抬至正上方向，眼随左手；⑤—⑧向右下旁腰，然后还原直立，第8拍沉气含胸低头。

第2×8拍：重复第1×8拍动作，但方向相反，动作对称。

第3×8拍：①—④，右手带动身体自右向左涮腰一周；⑤—⑧右手向右斜前下方撩出吸气（图2-1-16），然后沉气双手背于腰后。

图2-1-16　跪立单撩手下旁腰

第4×8拍：重复第3×8拍动作，但方向相反，动作对称。

第5×8拍：①—④自左下向右上双臂上举位向右下旁腰，同时右脚向旁伸出，脚尖点地，眼看左上方；⑤—⑧双臂经旁下落成双背手，沉气含胸，还原跪坐。

第6×8拍：重复第3×8拍动作，但方向相反，动作对称。

第7×8拍：重复第4×8拍动作，但方向相反，动作对称。

第8×8拍：重复第5×8拍动作，但方向相反，动作对称。

加1×4拍：双臂经前交叉打开成双臂侧举，向后下胸腰，同时跪立位，手腕带动手掌向上翻动，手心朝上。

第9×8拍：经跪坐含胸，双臂经前交叉打开成双臂斜上举，手心朝外，抬头向后下胸腰。

第10×8拍：经跪坐含胸，双臂经前交叉打开成跪立，抬头向后下腰，双手抓住脚踝关节（图2-1-16）。

第11×8拍—第12×8拍：经跪坐含胸交叉抱臂，右腿打开成分腿跪立，重复第10×8拍动作。

结束1×8拍＋1×4拍：右腿并于左腿，重复第9×8拍动作，最后加第1×4拍，还原准备姿态，结束。

3．训练要求

（1）训练胸腰时动作始于头，将颈椎、胸椎一节节拉开，向后伸展，胸椎向上顶，最终面部和胸口朝向上方。

（2）训练腰时动作也始于头，将颈椎、胸椎、中腰一节节打开，向后伸展，胯向前顶，腰向上顶，仰头看脚。

4．教学提示

胸腰训练时要强调沉肩，避免抬肩形成的折脖子现象。

第二节　舞蹈基本站姿与方位

一、舞蹈的站姿及头、颈、肩的训练

训练目的：舞蹈基本站姿及头、颈、肩的训练，是进入舞蹈学习的基础，主要训练头、颈、肩的能动性和灵活性。

（一）单一动作练习

1．基本站姿训练

脚平铺地面，同时前脚掌外旋打开，膝盖伸直，双腿内侧肌夹紧，尽量向外转开，紧臀、收腹、立腰、拔背、挺胸，双肩自然下沉，脖子拉长，下巴平抬，如图2-2-1（a）（b）（c）所示。

2．头、颈训练

在保持基本站姿的基础上进行，双手叉腰，低头、仰头、摆头、转头、涮头，动作时由头顶引领。

图2-2-1
（a）小八字直立站姿（正面）；（b）小八字直立站姿（侧面）；
（c）小八字直立站姿（半侧面）

3．肩训练

在保持基本站姿的基础上进行，双肩的提、沉（沉肩时要呼气）、关、开、绕。

（二）站姿、头、颈、肩组合

1．音乐

曲四，2/4，《春天在哪里》伴奏音乐。

2．动作说明

预备拍：双手叉腰，保持正确站姿，目视前方。

第1×8拍：①—②低头；③—④还原，目视前方；⑤—⑥仰头；⑦—⑧还原，目视前方。

第2×8拍：重复第1×8拍的动作。

第3×8拍：①—②向左转头；③—④还原，目视前方；⑤—⑥向右转头；⑦—⑧还原，目视前方。

第4×8拍：重复第3×8拍的动作。

第5×8拍—第6×8拍：左右摆头，两拍一次。

第7×8拍—第8×8拍：涮头两次。

第9×8拍—第10×8拍：双手体侧斜下位旁按手，提肩与沉肩，两拍一个动作。

第11×8拍—第12×8拍：双脚打开成大八字位，重心移至左脚，双肩提沉两次；重心移至右脚，双肩提沉两次。

第13×8拍—第14×8拍：重心移至左脚，右肩提沉四次；重心移至右脚，左肩提沉两次，脚收回成正步位。

第15×8拍—第18×8拍：双手自然下垂，从前向后绕肩两次，从后向前绕肩两次，交替进行。

第19×8拍—第20×8拍：双手叉腰，左右左摆头，还原准备姿态，结束。

3．训练要求

在保持基本站姿的基础上进行头、颈、肩的训练，低头、仰头、摆头、转头、涮头，动作时由头顶引领。肩部动作要配合呼吸。

4．教学提示

（1）重点提示左右摆头用头顶带动，不能转脸。

（2）涮头时，在四个方向做单一练习后再完整涮，不能耸肩。

（3）绕肩的关肩、提肩、开肩、沉肩四个动作要连贯圆润。

二、舞蹈基本方位训练

训练目的：使学生对练习场地有明确的方向概念，掌握教室（舞台）八个基本方位（八个点），培养学生对空间的感受能力。

（一）舞台基本方位介绍

身体的基本方位，一般以练习者自身为基点，站在舞台上，以身体正对观众的方向为正前方，每右转45°为一个方位，共八个方位。每个方位都有固定的名称表示，即正前方为1点，右斜前方为2点，右侧为3点，右斜后方为4点，正后方为5点，左斜后方为6点，左侧为7点，左斜前方为8点，如图2-2-2（a）（b）所示。

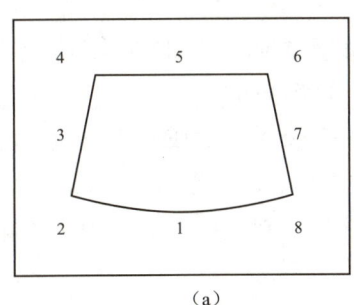
（a）

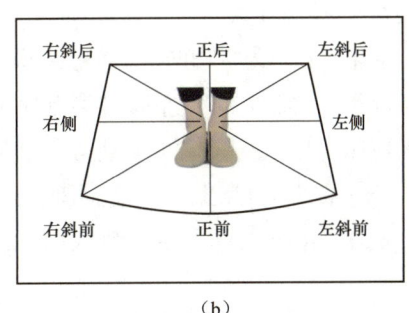
（b）

图2-2-2

（a）身体方位名称（8个点）；（b）身体方位表述图

（二）基本方位训练组合

1．音乐

曲五，2/4。

2．动作说明

共12个8拍。

前奏：面对1点，双脚正步位，双手背后。

第1×8拍：①—②右脚前脚掌向右转动90°，双脚成垂直角度，这时身体正对2点；③—④左脚靠向右脚，成正步位，身体面对3点；⑤—⑥右脚前脚掌继续右转90°，身体面对4点；⑦—⑧左脚向右脚靠拢，成正步位，身体面对5点。

第2×8拍：动作节奏及动作方法同第1×8拍，方向是顺时针方向经6、7、8点，直至第2×8拍的最后两拍回到面对1点。

第3×8拍：①—④右臂向2点抬起落下，节奏是两拍抬起两拍落下；⑤—⑧右臂向3点抬起落下，眼视手臂动作方向。

第4×8拍：右脚向4点迈步，重心移至右脚，左脚脚尖点地，同时右手臂向4点抬起落下，反复一次，节奏是两拍抬起两拍落下，做⑦—⑧时手脚同时收回对1点，眼视手臂动作方向。

第5×8拍—第6×8拍：动作同第3×8拍、第4×8拍的动作，方向依次是8点、7点、6点。

第7×8拍：①—④左脚向1点迈步，重心移至左脚，右脚脚尖点地，同时，双手从体侧向上抬起至斜上位，手心向下；⑤—⑧双手头顶交叉下落至搭肩位，头微抬，眼视5点斜上位。

第8×8拍：①—②右脚向3点横移一步，重心移至右脚，左脚脚尖点地，双臂向3点摆动与肩同高；③—④重心移到左脚，右脚脚尖点地，双手走下弧线向7点摆动；⑤—⑧反复一次。

第9×8拍：①—④右脚向5点上步（顺时针方向转动），重心移至右脚，左脚在后脚尖点地，双手从体侧向上抬起至斜上位，手心向下；⑤—⑧双手头顶交叉下落至搭肩位，头微抬，眼视5点斜上位。

第10×8拍：①—②左脚向3点横移一步，重心移至左脚，右脚脚尖点地，双臂向3点摆动与肩同高，重心移到右脚，左脚脚尖点地，双手走下弧线向7点摆动；⑤—⑧反复一次。

第11×8拍：①—②左脚向1点上步（逆时针方向转动），右脚脚尖点地，右手搭肩，头靠左；③—④右脚向1点上步，左脚脚尖点地，左手搭肩，头靠右。

第12×8拍：①—④双手走下弧线向旁打开至体侧侧斜上位；⑤—⑧立半脚尖原地转动一周。

结束：双臂从斜上位向下画圈收回成预备位。

3. **训练要求**

（1）练习中始终保持挺拔向上的体态，体会身体各部位正确的肌肉感觉。

（2）身体的方向、手臂的方向和头部的方向改变时，要保持清醒的头脑，做到头、手与身体动作的协调。

4. **教学提示**

（1）先从单一的、按逆时针方向的顺序进行八个方位的训练，让学生对方位建立初步的概念。

（2）在完成以上简单的方位变化后，可以打乱方位的顺序变化进行练习（特别是2点、8点的动作练习），增强学生的动作方向的准确度。

（3）启发学生运用其他肢体动作创编，进行方位练习，提高学生的创新思维能力。

第三节　芭蕾基本动作训练

训练目的：让学生了解芭蕾基本动作训练的基本知识，掌握正确的芭蕾手位、脚位；通过基本动作训练让学生掌握规范的基本舞姿，训练身体各部位打开的能力；培养学生的舞蹈意识；训练学生良好的舞蹈气质。

一、芭蕾基本知识

（一）芭蕾训练的意义

通过芭蕾基本动作训练，可以掌握规范的基本舞姿，具有身体各部位打开的能力，体会舞蹈动作的延伸感，形成舞蹈意识；训练各部位肌肉的能力，提高控制舞姿的能力，为高难度的技术性动作打下基础。

（二）芭蕾训练遵循的原则

芭蕾训练离不开芭蕾基本元素：开、绷、直、立。

1. 科学地进行"开"的训练

"开"是指髋关节向人体两侧外开。髋关节的打开，可以舒展人体的线条，增加人体下肢的表现能力。

2. 强调"绷"在芭蕾美感训练中的重要作用

"绷"是指脚的绷直和膝盖的绷直。绷的重要作用是：第一，延长腿的长度，体现腿的流线型的美感；第二，使踝关节、膝关节得到强有力的锻炼，增强关节的灵活性和控制力。

3. 坚持规范的"直"的训练

"直"主要指身体的姿态要挺拔直立。要求做到"直"的目的在于：第一，规范直立后人的精神倍增，有一种朝气蓬勃的青春美感；第二，在进行舞姿、技能、技巧训练时，人体的重心必须保持垂直，这样才能使舞蹈从容不迫、一气呵成。

4. 追求"立"在芭蕾舞训练中的独特性

"立"是在"直"的基础上完成的,"立"会给人带来提升的感觉,能够体现舞蹈的轻盈、灵巧的美感。

二、芭蕾的基本手位

(一)手型

如图2-3-1所示,大拇指圆弧形靠近中指指根,食指微微上抬,其他的手指自然弯曲靠拢,与食指上下分开。

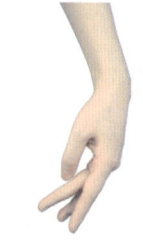

图2-3-1　芭蕾舞手型

(二)手位介绍

1. 一位手

如图2-3-2所示,手自然下垂,胳膊肘和手腕处稍圆一些。手臂与手成椭圆形,放在身体的前面,手的中指相对,并留有一拳的距离。

2. 二位手

如图2-3-3所示,在一位的基础上,手保持椭圆形,抬到横隔膜的高度(上半身的中部,腰以上、胸以下的位置)。但在动作过程中,要注意保持手肘和手指这两个支撑点的稳定。

图2-3-2　芭蕾一位手

图2-3-3　芭蕾二位手

3. 三位手

如图2-3-4所示,在二位的基础上继续上抬,放在额头的前上方,不要过分地向后摆。三位手就像是把头放在椭圆形的框子里。

4. 四位手

如图2-3-5所示,在三位的基础上,左手不动,右手切回到二位,组成四位。

图2-3-4 芭蕾三位手

图2-3-5 芭蕾四位手

5. 五位手

如图2-3-6所示,在四位的基础上,左手不动,右手保持弯度成椭圆形。从手指尖开始慢慢向旁打开。在此过程中胳膊肘和手指两个支撑点要保持在一个水平面上。手要放在身体的前面一点,不要过分向后打开,以起到一个延续双肩线条的作用。

6. 六位手

如图2-3-7所示,在五位的基础上,右手不动,左手从三位手切回到二位,组成六位。

7. 七位手

如图2-3-8所示,在六位的基础上,右手不动,左手打开到旁边,双手以相同的方式放在身体的两边。

图2-3-6 芭蕾五位手

图2-3-7 芭蕾六位手

图2-3-8 芭蕾七位手

三、芭蕾的基本脚位

（一）一位脚

如图2-3-9所示，双腿外开，两脚跟相对，双脚站成180°直线。肩部放松，颈部伸长，夹紧臀部。

（二）二位脚

如图2-3-10所示，双脚保持直线，向旁打开，双脚距离与肩同宽或打开一脚的距离。

（三）三位脚

如图2-3-11所示，双腿外开，脚向内收回至双脚重叠，前脚跟紧贴后脚心。前脚盖住后脚的一半。

图2-3-9　芭蕾一位脚

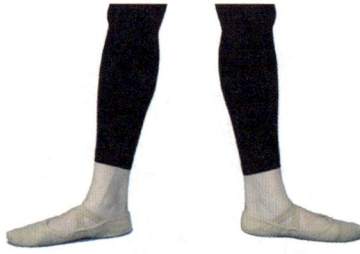
图2-3-10　芭蕾二位脚

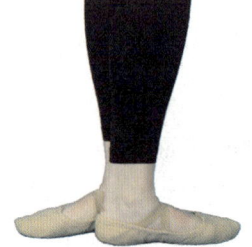
图2-3-11　芭蕾三位脚

（四）四位脚

如图2-3-12所示，双脚向外打开站立，使两脚呈平行状态，右脚尖朝右侧，左脚尖朝左侧，前后脚间有半脚或一脚的距离，重心在中间，前脚跟与后脚趾关节成一条线。

（五）五位脚

如图2-3-13所示，双脚要紧紧靠在一起，脚跟对脚尖。

图2-3-12　芭蕾四位脚

图2-3-13　芭蕾五位脚

四、地面训练——呼吸

舞蹈中的呼吸训练是必不可少的，正确的呼吸能够使舞者动作流畅优美，反之则生硬，缺乏美感。舞蹈中的呼吸有慢吸慢呼、快吸慢呼、慢吸快呼、急吸急呼等多种方式，它是根据动作的运行方向、舞蹈的情绪、舞蹈的韵律进行变化的。

训练目的：让学生掌握动作呼吸的方法，了解呼吸和动作协调配合的规律。

（一）单一动作训练

预备姿态：并腿直膝坐，双手放于两侧。

1. 呼气训练

上身躯干下沉，由尾椎开始向下弯曲放松，气息到达最底部时低头（图2-3-14）。

2. 吸气训练

上身躯干由尾椎开始向上推起，从下至上伸直脊椎直至头顶，下巴微抬（图2-3-15）。

图2-3-14 并腿直膝坐含胸低头（呼气）

图2-3-15 并腿直膝坐直腰挺胸（吸气）

（二）呼吸训练组合

1. 音乐

曲六，2/4。

2. 动作说明

共8个8拍（参见视频2-3-1）。

预备姿态：并腿直膝坐，双手放于两侧。

第1×8拍：呼气。

第2×8拍：吸气。

第3×8拍—第4×8拍：动作同第1×8拍与第2×8拍。

第5×8拍：快吸快呼，4拍呼气，4拍吸气。

第6×8拍—第7×8拍：重复第5×8拍的动作两遍。

第8×8拍：保持预备姿态。

视频2-3-1

3. 训练要求

（1）注意呼吸训练时的起始位置及呼吸的顺序和连贯性。

（2）注意呼吸与动作的协调配合。

4. 教学提示

（1）各种呼吸动作单一练习，待动作正确后再连贯练习。

（2）提示学生舞蹈中的呼吸规律是动作向上时吸气，反之则呼气。

五、地面训练——勾绷脚

训练目的：训练学生脚趾、脚背、脚踝的灵活性及对脚的各关节的控制能力，这对舞姿能力的形成以及脚部能力的训练起到关键作用。

（一）单一动作训练

预备姿态：并腿直膝坐，双手放于两侧，双脚并拢绷直。

1. 勾脚

脚分为脚趾、脚掌、脚跟三个部分。勾脚分为两种：一种是勾全脚，即将脚趾、脚掌同时上翘，由踝关节控制，脚跟向外推（图2-3-16）；另一种是分节勾绷脚，即先勾脚趾，脚趾上翘，脚背绷直，踝关节无动作（图2-3-17），然后勾全脚。勾时要尽量勾到不能再勾。

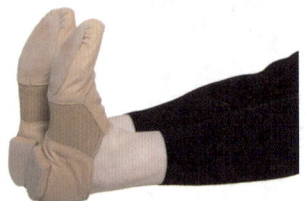
图2-3-16　并腿双勾脚

图2-3-17　并腿双勾脚趾

2. 绷脚

绷脚也分为两种：第一种踝关节向前拉长，脚背脚趾向前延伸绷直，脚趾尽量向下勾（图2-3-18）。第二种先绷脚背，再绷脚趾，绷时尽量绷到最大限度；也可以在整个腿部外旋的动作上进行绷脚动作（图2-3-19）。

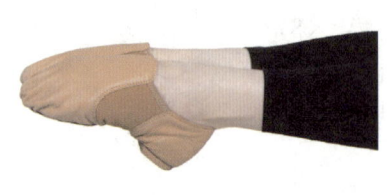
图2-3-18　并腿双绷脚

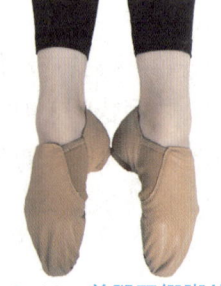
图2-3-19　并腿双绷脚外开

（二）勾绷脚训练组合

1. 音乐

曲七，2/4。

2. 动作说明

共8个8拍（参见视频2-3-2）。

预备姿态：双腿直膝坐，双手放于身体两侧斜下位。

第1×8拍：勾全脚。

第2×8拍：绷全脚。

第3×8拍：①—④勾全脚；⑤—⑧绷全脚。

第4×8拍：重复第3×8拍动作。

第5×8拍：①—④勾脚趾；⑤—⑧勾脚背。

第6×8拍：①—④绷脚背；⑤—⑧绷脚趾。

第7×8拍：①—②勾脚趾；③—④勾脚背；⑤—⑥绷脚背；⑦—⑧绷脚趾。

第8×8拍：重复第7×8拍的动作，回预备位结束。

3. 训练要求

（1）绷脚时要求脚踝、脚背要拉伸到最远的位置，脚趾要用力下勾。

（2）勾脚时脚跟用力向前推，脚背脚掌用力向上勾。

4. 教学提示

在教学时让学生多进行单一勾、绷的练习，特别是半勾半绷对于初学者可能较难控制，可以两个同学一组相互帮助进行练习。

六、地面训练——前、旁擦地前的预备练习

训练目的：训练学生脚的开、绷能力，身体姿态正直的控制能力，为扶把训练中的擦地做好准备。

（一）单一动作训练

预备姿态：身体头对6点，脚对2点仰卧，双手放于身体两侧斜下位。

（1）脚的开绷：在绷脚的基础上将前脚掌分开，脚背向外（图2-3-19）。

（2）脚的开勾：在勾脚的基础上将前脚掌分开（图2-3-20）。

图2-3-20 并腿双勾脚外开

（3）擦地预备练习。向前擦地预备练习：脚在开绷的状态下，将一条腿向上抬至

25°的位置，所抬腿的脚尖与另一条腿的脚跟在一条直线上。旁擦地预备练习：脚在开绷的状态下，将一条腿向旁抬至25°的位置，腿要控制与地面平行，不能放于地上。

（二）前旁擦地前的预备练习组合

1．音乐

曲八，2/4。

2．动作说明

共16个8拍（参见视频2-3-3）。

视频2-3-3

预备姿态：仰卧，身体头对6点，脚对2点，双手放于身体两侧斜下位。

第1×8拍：①—②勾脚趾；③—④勾脚背；⑤—⑥绷脚背；⑦—⑧绷脚趾。

第2×8拍：①—②勾脚趾；③—④勾脚背；⑤—⑥在勾脚的状态下把脚掌分开（图2-3-20）；⑦—⑧在打开的基础上绷直全脚。

第3×8拍：右腿向上抬至25°的位置，脚尖对准左脚的脚跟。

第4×8拍：右脚在保持外开绷直的状态下慢慢落下，后四拍双脚绷脚靠拢。

第5×8拍：①—②勾脚趾；③—④勾脚背；⑤—⑥绷脚背；⑦—⑧绷脚趾。

第6×8拍：①—②勾脚趾；③—④勾脚背；⑤—⑥在勾脚的状态下把脚掌分开；⑦—⑧在打开的基础上绷直全脚。

第7×8拍：左腿向上抬至25°的位置，脚尖对准右脚的脚跟。

第8×8拍：①—④左腿在保持外开绷直的状态下慢慢下落；⑤—⑧双脚绷脚靠拢回预备位。

第9×8拍：①—②勾脚趾；③—④勾脚背；⑤—⑥绷脚背；⑦—⑧绷脚趾。

第10×8拍：①—②勾脚趾；③—④勾脚背；⑤—⑥在勾脚的状态下把脚掌分开；⑦—⑧在打开的基础上绷直全脚。

第11×8拍：右腿向旁抬至25°的位置。

第12×8拍：右腿在保持外开绷直的状态下慢慢下落，后四拍双脚绷脚靠拢回预备位。

第13×8拍：①—②勾脚趾；③—④勾脚背；⑤—⑥绷脚背；⑦—⑧绷脚趾。

第14×8拍：①—②勾脚趾；③—④勾脚背；⑤—⑥在勾脚的状态下把脚掌分开；⑦—⑧在打开的基础上绷直全脚。

第15×8拍：左腿向旁抬至25°的位置，保持一个8拍。

第16×8拍：①—④左腿在保持外开绷直的状态下慢慢下落；⑤—⑧双脚绷脚靠拢回预备位，结束。

3．训练要求

（1）擦地预备练习要求在脚、膝盖绷直外开的状态下向前或向旁抬腿，腿不要抬得太高。

（2）脚在外开时脚的外沿尽量贴地面，不能扛脚，胯要紧贴地面，保持身体正直。

4．教学提示

学生掌握动作要领后，两个人一组相互帮助进行练习。在相互帮助的过程中，学生会逐渐清楚身体各部位动作应该怎样用力才会达到动作要求。在练习的过程中教师进行指导。

七、地面训练——吸伸腿

训练目的：加强膝盖和小腿的灵活性，增强腿部的控制能力；同时训练动作的节奏感。

（一）单一动作训练

1．正吸伸腿

预备姿态：直膝并腿坐，绷脚尖，双臂旁按手，中指尖点地。

动作过程：以右腿为例，右脚尖沿地面靠紧左小腿内侧上移至左膝处，在屈膝的运动过程中，右脚内侧也不能离开小腿，右膝盖保持朝正上方向，这个动作过程称为"吸"；然后右脚尖沿原路线返回，还原预备姿态。"伸"是指膝盖的伸直。练习时，吸腿后可沿原路返回，也可以向正上方向伸腿。

2．旁吸伸腿

预备姿态：仰卧，直膝并腿，绷脚尖，双臂侧举位，掌心朝下，手掌贴地。

动作过程：以右腿为例，膝部外开，右脚外侧沿地面、右脚尖靠紧左小腿内侧上移至左膝处，在屈膝的运动过程中，右脚尖与左腿不能分开，同时右小腿和膝盖尽量保持贴地而行。然后右脚尖沿原路线返回，尽量保持膝部外开，贴地而行，还原预备姿态。练习时，吸腿后可沿原路返回，也可以向正旁方向伸腿。

（二）正吸伸腿训练组合

1．音乐

曲九，3/4。

2．动作说明

共32小节。

前奏4×3拍。

第1×3拍—第2×3拍：前1小节音乐，右脚尖沿地面靠紧小腿上移成屈膝正吸腿；后1小节音乐，保持正吸腿动作姿态。

第3×3拍—第4×3拍：前1小节音乐，以右膝盖为固定支点，小腿向正上方向伸出，右腿垂直于地面；后1小节音乐，保持伸腿垂直于地面的动作姿态。

第5×3拍—第6×3拍：前1小节音乐，右脚尖沿原路线返回，还原右脚尖点于左膝盖内侧，成"吸腿"；后1小节音乐，保持正吸腿动作姿态。

第7×3拍—第8×3拍：前1小节音乐，右脚尖沿"吸"时的动作路线返回，还原预备姿态；后1小节音乐，保持预备动作姿态。

第9×3拍—第16×3拍：重复第1×3拍—第8×3拍动作。

第17×3拍—第32×3拍：重复第1×3拍—第16×3拍动作。但换左脚练习。

3．训练要求

地面吸伸腿动作训练，是为把上基本动作和中间练习动作做准备的训练。地面正吸腿练习中，在向上伸腿时，必须以膝盖为固定支点，小腿向上伸出。还原"吸"的动作时，也应以膝盖为固定支点，小腿下落，脚尖点地还原。地面旁吸伸腿练习中，向旁伸腿时，必须以膝盖为固定支点，小腿向旁伸出。还原"吸"的动作时，也应以膝盖为固定支点，小腿回收，脚尖对左小腿还原。

4．教学要求

首先要求学生明白脚尖与小腿、膝部的位置关系，再强调吸伸腿动作时膝部位置的准确性，发挥其"固定"的作用。

八、把杆基训——擦地

擦地（Battement tendu jete）是芭蕾基训最基础的动作之一，踝关节负担身体全部的重量，所以训练踝关节的灵巧、有力对舞蹈的作用尤为重要。擦地一般在一位和五位上进行，有向前、向旁、向后三个方向。

训练目的：擦地动作做得规范，舞步就会有弹性且轻盈优雅，在做旋转动作时对重心的垂直就会有较强的控制力，在做跳跃动作时起跳就会有强大的推力，落地时就会较轻盈。

（一）单一动作练习

1．向前擦地

脚跟先行，将脚尖留住，保持脚与腿部的外开形态，擦出至正前方的最远点，这时动力脚尖与主力脚跟最外侧成垂直线（图2-3-21），收回时脚尖先行，脚跟留住，将脚收回至动作前的位置。

2．向旁擦地

脚跟主动向旁推出，脚尖擦着地面，脚背逐渐绷直，在保证髋关节正直的情况下，尽量把擦出的脚尖伸向最远端，脚尖点地，与主力腿的脚保持一条水平横线（图2-3-22），收回时脚尖主动，落地的顺序依次是

图2-3-21　扶把前擦地（半侧面）

脚趾、前脚掌、脚跟，收回成一位或五位站立。

3. 向后擦地

脚尖先行，将脚跟留住，保持脚与腿部的外开，擦出至正后方的最远点，这时动力脚尖与主力脚跟最外侧成垂直线，脚背向外（图2-3-23），收回时脚跟先行，脚尖留住，将脚收回至动作之前的位置。

图2-3-22　扶把旁擦地（半侧面）

图2-3-23　扶把后擦地（半侧面）

（二）一位擦地训练组合

1. 音乐

曲九，2/4。

2. 动作说明

共16个8拍（参见视频2-3-4）。

视频2-3-4

预备姿态：脚一位，双手扶把。

第1×8拍：①—④右脚向旁擦地；⑤—⑧压脚跟，重心移至两脚间，脚二位。

第2×8拍：①—④重心移至右脚；左脚绷脚旁点地；⑤—⑧左脚压脚跟，重心移至两脚间，脚二位。

第3×8拍：①—④重心移至左脚，右脚绷脚旁点地；⑤—⑧右脚擦地收回。

第4×8拍：①—④曲膝半蹲；⑤—⑧膝盖伸直回预备姿态。

第5×8拍—第8×8拍：右脚向旁擦地四次。

第9×8拍：①—④左脚向旁擦地；⑤—⑧压脚跟，重心移至两脚间，脚二位。

第10×8拍：①—④重心移至左脚，右脚绷脚旁点地；⑤—⑧左脚压脚跟，重心移至两脚间，脚二位。

第11×8拍：①—④重心移至右脚，左脚绷脚旁点地；⑤—⑧左脚擦地收回。

第12×8拍：①—④曲膝半蹲；⑤—⑧膝盖伸直回预备姿态。

第13×8拍—第16×8拍：右脚向旁擦地四次，最后四拍收回成预备姿态，结束。

（三）五位擦地训练组合

1. 音乐
曲十，2/4。

2. 动作说明
共16个8拍（参见视频2-3-5）。

视频2-3-5

预备姿态：左手扶把，双脚五位站立，右手芭蕾手位预备位。

预备拍1×8拍：右臂向旁抬起再回预备位，头眼随手停于右斜前方。

第1×8拍：右脚向前擦地；①—④擦出；⑤—⑧收回。

第2×8拍：重复第1×8拍动作。

第3×8拍：①—④右脚向前擦地，同时主力腿半蹲；⑤—⑧右脚擦地收回，同时主力腿直立。

第4×8拍：①—④右手由预备位抬至二位再打开至七位；⑤—⑧保持，头眼随手，最后停于正前方。

第5×8拍：①—④右脚向旁擦地；⑤—⑧收回至主力腿后，五位站立。

第6×8拍：①—④右脚向旁擦地；⑤—⑧收回至主力腿前，五位站立。

第7×8拍：①—④右脚向旁擦地，同时主力腿半蹲；⑤—⑧右脚收回成右后位脚，同时主力腿直立。

第8×8拍：①—④右手臂小呼吸由七位收回成预备位；⑤—⑧头眼视右斜前方。

第9×8拍：①—④右脚向后擦地；⑤—⑧收回。

第10×8拍：重复第9×8拍动作。

第11×8拍：①—④右脚向后擦地，主力腿半蹲；⑤—⑧右脚擦地收回，同时主力腿直立。

第12×8拍：①—④右手由预备位抬至二位再向旁打开成七位，头眼视正前方；⑤—⑧保持。

第13×8拍：①—②右脚向旁擦地；③—④压脚跟一次；⑤—⑥推脚背；⑦—⑧收回成右前五位。

第14×8拍：①—②右脚向旁擦地；③—④压脚跟一次；⑤—⑥推脚背；⑦—⑧收回成右后五位。

第15×8拍：①—②右脚向旁擦地；③—④压脚跟一次；⑤—⑥推脚背；⑦—⑧收回成右前五位。

第16×8拍：右手由七位手经小呼吸收回成预备位。

3. 训练要求
动作过程中人体垂直站立，身体的重量平均分配在双脚上。当动力脚向外擦出时，身体的重心微微移至主力腿。动力腿伸直，保持外开的形态，脚掌紧贴于地面向外擦出，脚跟先离开地面，然后足弓、脚掌依次离开地面，最后脚尖点地，脚尖向外擦出的距离是在两胯保持稳定、水平、不移动位置的情况下所能达到的最远点。动力脚向主力腿收回的路线与过程按照擦出时各部位的运动顺序依次反过来进行，脚收回至动作开始之前的位置。

4. 教学提示

在教擦地动作时，一定要让向外擦地的脚、胯像切断一样收住，胯与上身不许有任何移动。

九、把杆基训——蹲

蹲（plie）是扶把训练中的第一个动作，根据膝盖弯曲的程度可分为半蹲（Demi plie）和全蹲（Grand plie）。蹲可在五个脚位的基础上进行训练。所有位置上的半蹲方法相同，二位、四位全蹲的方法较其他脚位有区别。

训练目的：蹲的训练可让学生充分锻炼肌肉的弹性和控制力。

（一）单一动作练习

1. 半蹲

以一位蹲为例，脚一位站立，双手扶把，膝盖弯曲下蹲，蹲的过程中上半身和胯保持正直，垂直于地面，膝盖对着脚尖的方向下蹲，不抬脚跟（图2-3-24）。收回时尽量用内侧肌夹着往上提起，身体不要晃动。二位半蹲是在二位脚的基础上进行的，蹲与一位蹲要领相同（图2-3-25）。

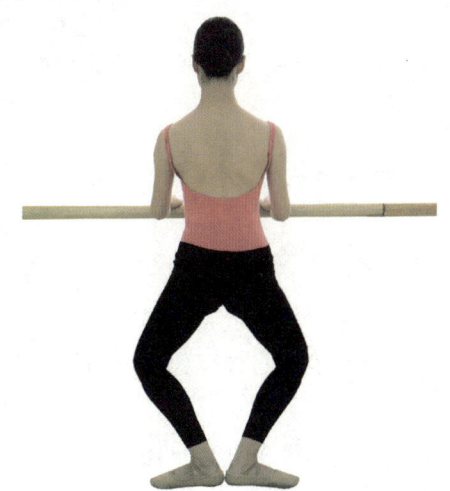
图2-3-24 扶把一位半蹲（背面）

图2-3-25 扶把二位半蹲（背面）

2. 全蹲

以一位蹲为例，脚一位站立，双手扶把。全蹲是在半蹲的基础上继续下蹲，下蹲时身体保持正直，当蹲到最大限度时双脚提起脚跟继续深蹲，上半身和头保持正直，垂直于地面，臀部在大腿之上，脚的正上方（图2-3-26）。收回时先保持深蹲姿态，回到半蹲位后，压脚跟继续收回；同时上身保持正直，尽量用内侧肌夹着往上提起，身体不要晃动。

3. 二位全蹲

双脚二位站立，双手扶把，二位全蹲与一位全蹲的动作要领相同，区别在二位全蹲不要提脚跟（图2-3-27）。

图2-3-26　扶把一位全蹲（背面）

图2-3-27　扶把二位全蹲（背面）

（二）蹲训练组合

1. 音乐

曲十一，2/4。

2. 动作说明

共32个8拍（参见视频2-3-6）。

视频2-3-6

预备姿态：左手扶把，右手预备手位，双脚一位，眼视右斜前方。

预备1×8拍：①—④右手经预备位抬至二位再打开至七位保持，眼随手走，当手至七位后，头、眼转向正前方；⑤—⑧保持。

第1×8拍：一位半蹲。①—④蹲；⑤—⑧起。

第2×8拍：重复第1×8拍的动作。

第3×8拍：一位全蹲。①—④半蹲；⑤—⑧在保持不改变身体状态的情况下，起脚跟继续下蹲到全蹲位。

第4×8拍：①—④由全蹲位回到半蹲位；⑤—⑧压脚跟继续向上伸直膝盖。

第5×8拍—第6×8拍：重复第3×8拍和第4×8拍的动作。

第7×8拍：右脚向旁擦地。

第8×8拍：右脚压脚跟，重心移至两脚间，成二位脚站立。

第9×8拍：二位半蹲。①—④蹲；⑤—⑧起。

第10×8拍：重复第9×8拍的动作。

第11×8拍：二位全蹲。①—④半蹲；⑤—⑧在保持不改变身体状态的情况下，继续下蹲到全蹲位。

第12×8拍：由全蹲位起（直立）。

第13×8拍—第14×8拍：重复第11×8拍和第12×8拍的动作。

第15×8拍：①—④身体重心移至左脚，右脚处于旁擦地状态；⑤—⑧擦地收回成右脚在前的五位脚。

第16×8拍：双脚立半脚尖逆时针方向转动90°，面向扶把，五位站立，双手扶把。

第17×8拍：五位半蹲。①—④蹲；⑤—⑧起。

第18×8拍：重复第17×8拍的动作。

第19×8拍—第22×8拍：五位全蹲两次，动作、节奏同一位全蹲。

第23×8拍：右脚向前擦地。

第24×8拍：右脚擦地收回成五位脚。

第25×8拍—第31×8拍：动作同第17×8拍—第23×8拍，最后四拍右脚收回成一位。

第32×8拍：双脚立半脚尖顺时针方向转动90°，回预备姿态，结束。

3. 训练要求

做蹲的时候，双腿的标准外开度是180°，脚尖、膝盖、胯、肩在一个平面上。由于每个同学的柔韧度、外开度等自身条件不同，所以在训练中要根据每个学生的具体条件，在不影响身体垂直与保持脚的正确站姿的前提下，做到双腿的最大外开度。动作过程中下蹲和伸直腿的速度要平均，身体平稳、后背垂直，脚掌平铺地面，不要向前或向后倒脚。其中二位半蹲下蹲的幅度是膝盖和脚尖成上下垂直线。二位和第三种四位的半蹲，脚跟不离开地面。

4. 教学提示

做蹲的时候，要注意对呼吸的运用，把握好了呼吸，动作才会更加流畅和舒展。一般来说，蹲开始之前先吸气，在下蹲的过程中缓慢地呼气，随着腿部的逐渐伸直再吸气。

十、把杆基训——小踢腿

小踢腿（Battement tendu jete）是芭蕾基训中一种力度训练的动作，小踢腿是在擦地的基础上进行的，脚经擦地向前、旁、后三个方向踢出至25°的位置，要求动作清晰、短促、有力，脚的绷直、外开与擦地要求一致，在空中25°的位置做短暂停留。收回时先收到擦地的位置，然后再收回。

训练目的：训练动力腿的力度和空间停留以及髋关节的控制，同时对主力腿的直立稳定的训练也有重要作用。

(一)单一动作练习

1. 向前小踢腿

双手扶把,脚一位,眼视右斜前方。动力腿经擦地向前踢起,停于离地面25°的位置(图2-3-28),收回时动力腿脚尖落地经擦地收回。

2. 向旁小踢腿

双手扶把,脚一位,眼视正前方。动力腿经擦地向旁踢起,停于离地面25°的位置(图2-3-29),收回时动力腿脚尖落地经擦地收回。

图2-3-28 扶把向前小踢腿(侧面)

3. 向后小踢腿

双手扶把,脚一位,眼视右斜前方。动力腿经擦地向后踢起,停于离地面25°的位置(图2-3-30),收回时动力腿脚尖落地经擦地收回。

图2-3-29 扶把向旁小踢腿(背面)　　图2-3-30 扶把向后小踢腿(侧面)

(二)小踢腿训练组合

1. 音乐

曲十二,2/4。

2. 动作说明

共16个8拍(参见视频2-3-7)。

视频2-3-7

预备姿态:左手扶把,双脚右前五位站立,右手一位。

预备1×8拍:①—②右手向旁抬至右斜下位;③—④回预备位;⑤—⑥从预备位抬至二位;⑦—⑧向旁打开成七位手,头眼随手走,停于右斜前方。

第1×8拍:①—④右脚经擦地向前踢起;⑤—⑥脚尖点地(前擦地姿态);⑦—⑧擦地收回。

第2×8拍:重复第1×8拍动作。

第3×8拍：①—②右脚向前小踢腿（图2-3-31）；③—④右脚脚尖点地弹回至小踢腿位；⑤—⑥右脚脚尖点地；⑦—⑧擦地收回。

第4×8拍：头转向正前方。

第5×8拍：①—④向旁小踢腿；⑤—⑧收回成右后五位。

第6×8拍：重复第5×8拍动作，右脚收回时成右前五位。

第7×8拍：①—②向旁小踢腿（图2-3-32）；③—④脚尖点地弹回至小踢腿位；⑤—⑥点地；⑦—⑧收回成右后五位。

图2-3-31 扶把向前小踢腿（半侧面）

第8×8拍：头转向右斜前方，眼视右斜前方。

第9×8拍：①—④右脚向后小踢腿（图2-3-33）；⑤—⑧点地收回。

第10×8拍：重复第9×8拍动作。

第11×8拍：①—②右脚向后小踢腿；③—④右脚脚尖点地弹回至小踢腿位；⑤—⑥右脚脚尖点地；⑦—⑧擦地收回。

第12×8拍：头由右斜前方转向正前方。

图2-3-32 扶把向旁小踢腿（正面）　　图2-3-33 扶把向后小踢腿（半侧面）

第13×8拍：右脚向旁小踢腿两次，收回成一位。两拍踢出，两拍收回。

第14×8拍：①—④右脚向旁小踢腿；⑤—⑧收回成右后五位。

第15×8拍：右脚向旁小踢腿两次，收回成一位。两拍踢出，两拍收回。

第16×8拍：①—④右脚向旁小踢腿收回成右前五位；⑤—⑧右手经小呼吸收回成预备位，头眼随手动，最后保持在右斜前方，结束。

3．训练要求

用脚带动腿向空中踢起，要敏捷、有力而迅速地踢出与收回脚，胯部稳定，脚踢出与收回前不能忽略擦地的全过程。

4. 教学提示

动作要清晰，有爆发力，不要强调往上，应该是往地面走。

十一、把杆基训——画圈

画圈（Rond de jambe a terre）是以腿为轴心做画圈动作，画圈动作按幅度大小可分为两种：第一种是画小圈（$\frac{1}{4}$圈）；第二种是画大圈（$\frac{1}{2}$圈）。由前向后画圈称为开放式，由后向前画圈称为闭合式。

训练目的：训练髋关节的开度和稳定性，锻炼腿和脚部的外开，通过脚在地面最大限度地画圈训练，使脚趾、足弓、脚掌、脚背、脚踝的柔韧性和能力得到锻炼，增强腰背肌的控制能力。

动作要领：动作中身体保持正直，动作腿的三个方向要清晰，两条腿要保持同等外开。动力腿画圈时一定要做到脚、腿、胯的外开、绷直，主力腿和腰部牢固稳定，不能随动力腿的运动力度、幅度、方向改变原有的姿态。动力腿的前、后点地位要求脚尖点地到位，与主力腿的脚跟在一条直线上，动力腿带动脚尖沿着地面最长路线做完整的画圈运动。

（一）单一动作练习

1. 画小圈

向后画圈，动作时动力腿向前擦地成前点地位，然后动力腿小腿主动向旁转开，脚尖贴地面画圈至旁点地位，经擦地收回成一位脚，主力腿及躯干保持稳定和正直，动力腿向旁擦地成旁点地位，动力腿大腿主动向外转动画圈至后点地位，经擦地收回成一位脚或五位脚。向前画圈，动力腿向后擦地成后点地位，大腿主动外开转动至旁点地位，经过擦地收回成一位脚，然后向旁擦地成旁点地位，小腿主动外开转动向前画圈至前点地位，最后经擦地收回成一位脚。

2. 画大圈

动力腿画圈时在旁点地的位置不做停留，继续向后或向前画圈至后点地位或前点地位，然后收回成一位脚。

（二）画圈接腰训练组合

1. 音乐

曲十三，3/4。

2. 动作说明（参见视频2-3-8）

预备姿态：右手扶把，脚一位，左手一位。

预备4×3拍：音乐起，左手小呼吸向旁抬手，然后收回成一位。

视频2-3-8

（1）8×3拍。

第1×3拍：一位半蹲。

第2×3拍：左脚在半蹲位基础上向前擦地，左手抬至二位。

第3×3拍：左脚向旁画小圈，右腿直立，左手向旁打开成七位。

第4×3拍：左脚向后画小圈。

第5×3拍：左脚向前擦地。

第6×3拍—第7×3拍：从前向后画大圈。

第8×3拍：擦地收回。

（2）8×3拍。

第1×3拍—第3×3拍：从前向后画大圈。

第4×3拍：擦地收回。

第5×3拍：左脚向前抬至25°的位置。

第6×3拍：保持。

第7×3拍：左脚落地处前擦地状态。

第8×3拍：擦地收回，左手收回成一位。

（3）8×3拍。

第1×3拍：一位半蹲。

第2×3拍：在半蹲位上左脚向后擦地，左手向前抬至二位。

第3×3拍：主力腿直立，同时左脚向旁画小圈，左手打开成七位。

第4×3拍：左脚继续向前画小圈。

第5×3拍：左脚先后擦地。

第6×3拍：从后向前擦地。

第7×3拍：从后向前画大圈。

第8×3拍：擦地收回成一位站立。

（4）8×3拍。

第1×3拍—第3×3拍：从后向前画大圈。

第4×3拍：擦地收回成一位。

第5×3拍：左脚向后抬至25°的位置。

第6×3拍：保持。

第7×3拍：左脚落地处后擦地状态。

第8×3拍：擦地收回，左手经小呼吸收回成一位。

（5）8×3拍。

第1×3拍—第4×3拍：向前下腰。上身躯干保持伸直，头平抬（图2-3-34），左手手心向内自然下垂。

图2-3-34　扶把向前下腰90°

第5×3拍—第8×3拍：上身慢慢直立，左手二位。

（6）8×3拍。

第1×3拍—第4×3拍：向后下胸腰，左手一位。

第5×3拍—第8×3拍：上身直立，最后一个3拍左手小呼吸向旁抬起，再收回成一位，结束。

3. 训练要求

两胯平行，主力胯向上提起不要晃动，动作过程中脚尖向外画至所能达到的最远点，绷直腿并保持外开，脚尖不要离开地面，脚尖至前、后四位时不能超越主力脚脚跟最外侧的界限，动力脚经一位时脚尖打开，脚跟紧贴地面。

4. 教学提示

画圈时注意身体重心的转移。可先双手扶把练习。

十二、把杆基训——单腿蹲

单腿蹲（Battement fondu）是由主力腿做蹲起动作的同时动力腿在空中做曲伸构成的。

训练目的：主要训练两条腿从脚腕、膝盖到腿部肌肉的柔韧性和力量，加强腿部肌肉的控制、稳定能力，增强膝关节的柔韧性和灵活性，训练后背、腰部的支撑能力与稳定性。

动作要领：在练习单腿蹲过程中，主力腿弯曲下蹲的同时，动力腿弯曲收到小掖腿（图2-3-35）或小吸腿（图2-3-36）的位置。当动力腿向外伸直时，主力腿也同时伸直，要求动作有韧性和延伸感。动作中两腿协调配合，同步进行，即两腿同时弯曲同时伸直。整个过程身体重心要稳定，后背和腰要保持直立，脚背绷直，伸直和下蹲时动力腿均要以膝关节为支点来完成动作，膝盖要保持外开。

图2-3-35 扶把单腿蹲小掖腿　　　　图2-3-36 扶把单腿蹲小吸腿

（一）单一动作练习

1. 小吸腿

动作腿绷脚，用小脚趾的外侧紧贴在主力腿的踝骨内侧，脚跟不能靠在支撑腿上，离得越远越好，保证小吸腿的外开。

2. 小掖腿

动作腿绷脚，用绷脚的踝关节后凹处紧贴在支撑腿的小腿肚子下面。脚尖不能贴主力腿，保证掖腿的外开。

3. 向前单腿蹲

主力腿向下半蹲，动力腿弯曲至旁吸腿位，膝盖外开；当动力腿向前伸直时，主力腿同时直立；下蹲时，动力腿膝关节外开弯曲，绷脚收回成小吸腿位。

4. 向旁单腿蹲

主力腿半蹲，动力腿曲膝至旁吸腿位，直立时动力腿大腿部位保持原有高度，以膝关节为支点，小腿向外伸直，伸直时用脚背正面的力量顶出去，腿、脚及脚趾要有延伸感。收回时动力腿还是以膝关节为支点，小腿绷脚收回成小吸腿位，主力腿同时弯曲。

5. 向后单腿蹲

主力腿半蹲，同时动力腿弯曲成小掖腿状态，伸直时动力腿以膝关节为支点推动小腿慢慢向后延伸；主力腿下蹲时，动力腿脚尖带动往回收到小掖腿位。

（二）单腿蹲训练组合

1. 音乐

曲十四，3/4。

2. 动作说明

8个8×3拍（参见视频2-3-9）。

预备姿态：左手扶把，脚一位站立，右手一位，眼视右斜前方。

预备4×3拍：音乐起，右手小呼吸向旁抬手臂落下回一位，再由一位抬至二位再向旁开至七位，头眼随手走，停于右斜前方。

视频2-3-9

（1）8×3拍。

第1×3拍—第2×3拍：右脚前小掖腿，双腿曲膝单腿蹲。

第3×3拍—第4×3拍：双腿同时伸直，右脚脚尖前点地。

第5×3拍—第8×3拍：重复第1×3拍—第4×3拍的内容。

（2）8×3拍。

第1×3拍—第2×3拍：右脚前小掖腿，双腿曲膝单腿蹲。

第3×3拍—第4×3拍：双腿同时伸直，右脚脚尖旁点地。

第5×3拍—第6×3拍：右脚后小掖腿，双腿曲膝单腿蹲。

第7×3拍—第8×3拍：双腿同时伸直，右脚脚尖旁点地。

（3）8×3拍。

第1×3拍—第2×3拍：右脚后小掖腿，双腿曲膝单腿蹲。

第3×3拍—第4×3拍：双腿同时伸直，右脚脚尖后点地。

第5×3拍—第8×3拍：重复第1×3拍—第4×3拍的内容。

（4）8×3拍。

第1×3拍—第2×3拍：脚的位置不变，右手臂由七位回一位。

第3×3拍—第4×3拍：右手臂由一位抬至二位。

第5×3拍—第6×3拍：右手由手心向内转换到手心向下。

第7×3拍—第8×3拍：右手手心转向内成二位，再打开成七位。

（5）8×3拍。

第1×3拍—第2×3拍：右脚后小掖腿，双腿曲膝单腿蹲。

第3×3拍—第4×3拍：双腿同时伸直，右脚脚尖后点地。

第5×3拍—第8×3拍：重复第1×3拍—第4×3拍的内容。

（6）8×3拍。

第1×3拍—第2×3拍：右脚后小掖腿，双腿曲膝单腿蹲。

第3×3拍—第4×3拍：双腿同时伸直，右脚脚尖旁点地。

第5×3拍—第6×3拍：右脚前小掖腿，双腿曲膝单腿蹲。

第7×3拍—第8×3拍：双腿同时伸直，右脚脚尖旁点地。

（7）8×3拍。

第1×3拍—第2×3拍：右脚前小掖腿，双腿曲膝单腿蹲。

第3×3拍—第4×3拍：双腿同时伸直，右脚脚尖前点地。

第5×3拍—第8×3拍：重复第1×3拍—第4×3拍的内容。

（8）8×3拍。

第1×3拍—第2×3拍：脚的位置不变，右手臂由七位回一位。

第3×3拍—第4×3拍：右手臂由一位抬至二位。

第5×3拍—第6×3拍：右手由手心向内转换到手心向下。

第7×3拍—第8×3拍：右手手心转向内成二位，再打开成七位，接小呼吸回一位，结束。

3．训练要求

两腿在同等外开的基础上同时弯曲、同时伸直，伸直的动力腿要有无限延伸感，动作过程中要细致而缓慢，出后腿时髋部不要掀起。

4．教学提示

提醒学生伸腿时不要有弹腿的感觉。动作时不要向前或向后送胯。

十三、把杆基训——小弹腿（Battemment frappe）

训练目的：锻炼踝关节、脚背、膝关节的灵活性及腿部力量，有助于提高弹跳力。

动作要领：主力腿直立，动力腿在小吸腿的状态下，以膝关节为支点，小腿迅速向前、旁、后弹出，弹至主力腿与动力腿成25°的位置，向前及向后的小弹腿收回时膝关节要收回成外开状态，然后小腿迅速收回成吸腿位或掖腿位，向旁小弹腿则以膝关节为支点直接收回成吸腿位或掖腿位。小弹腿有两种方式：第一种，绷脚小弹腿，小弹腿时弹出和收回都是绷脚状态；第二种，勾脚小弹腿，弹出时绷脚，收回时勾脚至主力腿踝关节处，与地面平行。

（一）单一动作练习

1．绷脚小弹腿

双手扶把，两拍弹出，两拍收回。

2．勾脚小弹腿

先练习勾绷脚的连接，然后在勾脚基础上向前、旁、后弹腿。

（二）小弹腿训练组合

1．音乐

曲十五，4/4。

2．动作说明

共12个8拍。

预备1×8拍：双手扶把，脚一位站立准备；①—④保持预备姿态；⑤—⑧右脚向旁擦地，然后收回成小吸腿。

第1×8拍：①—②右腿向前小弹腿，动力腿与主力腿成25°；③—④收回成小吸腿；⑤—⑧反复一次。

第2×8拍：重复第1×8拍的动作。

第3×8拍：①—②右腿向后小弹腿；③—④收回成小吸腿；⑤—⑧反复一次。

第4×8拍：重复第3×8拍的动作。

第5×8拍：①—②右腿向旁小弹腿；③—④收回成小吸腿；⑤—⑧反复一次。

第6×8拍：①—②右腿向旁小弹腿；③—④脚尖点地；⑤—⑧擦地收回成一位。

第7×8拍：①—②右腿向前小弹腿，动力腿与主力腿成25°；③—④收回成小吸腿；⑤—⑧反复一次。

第8×8拍：重复第1×8拍动作。

第9×8拍：①—②右腿向后小弹腿；③—④收回成小吸腿；⑤—⑧反复一次。

第10×8拍：重复第3×8拍的动作。

第11×8拍：①—②右腿向旁小弹腿；③—④收回成小吸腿；⑤—⑧反复一次。

第12×8拍：①—②右腿向旁小弹腿；③—④脚尖点地；⑤—⑧擦地收回成一位，结束。

1. 训练要求

（1）动作时膝盖和脚始终保持绷直外开。

（2）弹腿时以膝关节为轴，小腿有力地向前、旁、后弹出，髋关节大腿保持吸腿或掖腿时的状态。

（3）在做连续快速小弹腿的时候，要克服动力腿尚未伸直就紧接第二个动作的错误。脚的位置、运行路线准确，动作快速、有力、灵活。

2. 教学提示

注意动作时髋部稳定，不要晃动。

十四、把杆基训——控制（battement developpe）

训练目的：训练两条腿从脚腕、膝盖到腿部肌肉的柔韧性和力量，加强腿部肌肉的控制、稳定能力以及增强膝关节的柔韧性和灵活性；还可训练后背、腰部的支撑能力与稳定性。

动作要求：动作过程中注意身体的垂直和重心准确，主力腿要伸直，主力胯向上提起，动力腿吸腿，伸直时以膝盖为支点使小腿向外伸直。

（一）单一动作练习

1. 控旁腿

双手扶把，控旁腿，从45°、90°、180°循序渐进地进行练习；左腿与右腿分别进行练习。

2. 控前腿

单手扶把，控前腿，从45°、90°、180°循序渐进地进行练习；左腿与右腿分别进行练习。

3. 控后腿

单手扶把，控后腿，从45°、90°、180°循序渐进地进行练习；左腿与右腿分别进行练习。

（二）控制训练组合

1. 音乐

曲十六，2/4。

2. 动作说明

共16个8拍（参见视频2-3-10）。

视频2-3-10

预备1×8拍：右手扶把，脚五位站立准备。①—②右手小呼吸向旁抬手臂；③—④落下回一位；⑤—⑥由一位抬至二位；⑦—⑧再向旁开至七位，头眼随手走，停于左斜前方。

第1×8拍：①—④左脚向前擦地；⑤—⑧正前方抬腿控制。

第2×8拍：①—④左脚落地，脚尖点地；⑤—⑧擦地收回成五位脚。

第3×8拍：①—④左脚旁小吸腿；⑤—⑧大吸腿，脚尖吸至主力腿膝关节处，左腿大腿与主力腿成90°。

第4×8拍：①—④左腿以膝关节为支点，小腿向前抬起，控前腿；⑤—⑧左脚脚尖点地，擦地收回成五位脚。

第5×8拍：①—④左手从旁经小呼吸落下回一位；⑤—⑧依次抬至二位、三位。

第6×8拍：①—④左手从三位打开到七位；⑤—⑥经小呼吸收回到一位；⑦—⑧五位脚立半脚尖顺时针方向转动90°，面对扶把，五位脚站立，双手扶把。

第7×8拍：①—④左腿小吸腿；⑤—⑧大吸腿。

第8×8拍：①—④左腿向旁抬腿控制；⑤—⑧左脚落地，脚尖点地，擦地收回成五位脚。

第9×8拍—第10×8拍：重复第7×8拍—第8×8拍的动作。

第11×8拍：①—④右脚向后擦地；⑤—⑧右腿向后抬起控后腿。

第12×8拍：①—④右腿落地，脚尖点地；⑤—⑧擦地收回成五位脚。

第13×8拍—第14×8拍：重复第10×8拍—第11×8拍的动作。

第15×8拍：①—④五位半蹲；⑤—⑧五位立半脚尖。

第16×8拍：①—④五位立半脚尖，顺时针方向转动90°，右手二位；⑤—⑥五位半蹲，手位不变；⑦—⑧右腿保持半蹲位，左脚前伸，脚尖点地，右手三位。

结束：①—④右腿直立，左脚擦地收回成五位脚；⑤—⑧右手从三位打开至七位，经小呼吸收回到一位，结束。

3．训练要求

动作过程中注意身体的垂直和重心准确，主力腿要伸直，主力胯向上提，动力腿在吸至膝盖向外伸腿的过程中要保持膝盖的高度，腿在空中伸直，不要晃动。

4．教学提示

不要用大腿带动动作，应该用脚尖带动。

十五、把杆基训——大踢腿（grand battwmnent jejt）

训练目的：主要训练腿部肌肉的力量、韧带的张弛，锻炼腿经擦地迅速踢向空中的能力，提高腹背肌肉、主力腿的力量和控制能力，为今后的跳跃等技巧打下基础。

动作要领：踢腿时身体保持正直，腿部外开，主力腿的髋关节向上提起，用脚背的力量带动腿部经擦地迅速踢起，经擦地收回。

（一）单一动作练习

1．向前大踢腿

单手扶把，五位直立，向前大踢腿，左右脚交换练习。

2．向旁大踢腿

双手扶把，五位站立，向旁大踢腿，左右脚交换练习。

3．向后大踢腿

双手扶把，五位站立，向后大踢腿，左右脚交换练习。

（二）大踢腿训练组合

1．音乐

曲十七，2/4。

2．动作说明

共12个8拍（参见视频2-3-11）。

预备1×8拍：左手扶把，右手一位，脚右五位准备。①—②右手小呼吸向旁抬手臂；③—④落下回一位；⑤—⑥由一位抬至二位；⑦—⑧再向旁打开至七位。

视频2-3-11

第1×8拍—第3×8拍：①—④右腿向前大踢腿；⑤—⑥落地时脚尖点地；⑦—⑧擦地收回。

第4×8拍：①—④右手臂经小呼吸回一位；⑤—⑧五位脚立半脚尖逆时针方向转动90°，面向扶把，右五位脚站立，双手扶把。

第5×8拍—第7×8拍：①—④右腿向旁大踢腿；⑤—⑥落地时脚尖点地；⑦—⑧擦地收回。

（第5×8拍：右脚收回成右后五位。第6×8拍：右脚收回成右前五位。第7×8拍：右脚收回成右后五位。）

第8×8拍：保持双手扶把，右脚后五位站立姿态。

第9×8拍—第11×8拍：①—④右腿向后大踢腿；⑤—⑥落地时脚尖点地；⑦—⑧擦地收回。

第12×8拍：①—④保持双手扶把，脚后五位站立姿态；⑤—⑧立半脚尖逆时针方向转动90°，右手扶把，左手一位结束。

3. 训练要求

在动作过程中，身体保持垂直，腿部外开，主力腿的髋关节向上提起，注重脚经过擦地踢起、擦地收回的全过程。

4. 教学提示

动作时要有爆发力，不要塌腰或提胯。收回时要有控制地落下。

十六、中间训练

（一）芭蕾小舞姿

训练目的：让学生在训练过程中逐渐掌握芭蕾所需要的身体形态、脚、头和手的基本位置，培养动作的协调性和节奏感，在舞姿形成过程中找到动作的延伸感和舞蹈意识。

1. 音乐

曲十八，4/4。

2. 动作说明

预备姿态：面向8点，右脚在前的五位脚，手一位。

第1×8拍：①—④双手抬至二位；⑤—⑧继续向上抬至三位。

第2×8拍：①—④双手打开成七位；⑤—⑧双臂小呼吸收回成一位。

第3×8拍：①—④双手抬至二位；⑤—⑧由二位转换到右手在上的五位，眼视1点斜上位。

第4×8拍：①—④左臂保持，右臂打开成七位；⑤—⑧双腿经五位半蹲后直立，同时双臂小呼吸收回成一位。

第5×8拍：①—④双手抬至二位；⑤—⑧由二位转换到左手在前的六位，眼视左斜前下位。

第6×8拍：①—④右臂保持，左臂向旁打开成七位；⑤—⑧五位半蹲，直立，同时双

臂小呼吸收回成一位，眼视1点。

第7×8拍：①—④双手抬至二位，同时右脚向前擦地；⑤—⑥四位半蹲，手臂保持二位；⑦—⑧重心移至右脚，左脚处于后擦地状态，手臂打开成左臂在前的六位，眼视8点正前方。

第8×8拍：①—④左臂向旁打开成七位，腿部姿态不变；⑤—⑧左脚擦地收回，同时双臂经小呼吸收回成一位，结束。

3．训练要求

（1）站立姿态要正确，下肢外开绷直夹紧，后背挺拔，手位表达要准确。

（2）头的位置、眼视方向要严格按要求完成。

（3）手臂动作要舒展，且有延伸感。

4．教学提示

这是简单的舞姿训练，在手位、脚位及头眼配合的过程中要严格要求学生达到要求。

（二）跳跃训练

跳跃是芭蕾的基本技巧和能力，一般分为小跳、中跳、大跳（在这里不做叙述）。

训练目的：拉长肌肉线条，增强腿部肌肉的爆发力与控制力。

1．小跳

小跳训练是为今后的旋转、高难度的跳跃打好基础。小跳以半蹲为基础，依靠韧性和脚背推地力向上跳，双膝伸直，膝盖放松，脚背绷直，腰要立稳，跳得不能过高，落地时脚掌先着地曲膝半蹲。小跳可分为一位、二位、五位小跳。

动作要求：始终保持身体直立，两腿外开；强调脚背用力推地，空中绷脚背，外开；落地时依次是脚尖、脚掌、脚跟成一位（二位、五位）着地半蹲，缓冲直立。

2．中跳

中跳是在小跳训练的基础上进行的训练。中跳主要以原地跳跃为主，上身要求同小跳。这个半蹲要比小跳的深些。起跳要运用膝关节的韧性与大腿小腿的肌肉能力，奋力向上，绷脚，跳得比小跳要高。中跳可分为一位中跳、二位中跳、五位中跳、单起双落中跳和双起单落中跳。我们主要训练一位、二位、五位中跳。

动作要求：跳跃要求同小跳，但不管是一位、二位还是五位中跳，空中的脚位始终是二位，只是按起式脚位落地。

（三）跳跃辅助练习组合

训练目的：主要训练推动脚背的力量、起跳前的预备动作、空中的正确姿态、落地时的正确着地方法。

1. 音乐

曲十九，2/4。

2. 动作说明

共24个8拍（参见视频2-3-12）。

预备姿态：双手扶把，脚一位站立。

视频2-3-12

第1×8拍：①—④一位半蹲；⑤—⑧双脚推脚背立半脚尖，身体保持正直。

第2×8拍：①—④保持立半脚尖姿态；⑤—⑧压脚跟回预备姿态。

第3×8拍—第4×8拍：重复第1×8拍和第2×8拍的动作。

第5×8拍：①—②半蹲；③—④推脚背立半脚尖；⑤—⑥保持；⑦—⑧回压脚跟回预备位。

第6×8拍—第7×8拍：重复第5×8拍的动作两遍。

第8×8拍：①—④右脚向旁擦地；⑤—⑧右脚压脚跟，重心移至两脚间，二位站立。

第9×8拍：①—④二位半蹲；⑤—⑧双脚推脚背立半脚尖，身体保持正直。

第10×8拍：①—④保持立半脚尖姿态；⑤—⑧压脚跟回二位脚。

第11×8拍—第12×8拍：重复第1×8拍和第2×8拍的动作。

第13×8拍：①—②半蹲；③—④推脚背立半脚尖；⑤—⑥保持；⑦—⑧回压脚跟回二位脚。

第14×8拍—第15×8拍：重复第13×8拍的动作两遍。

第16×8拍：①—④右脚向旁擦地；⑤—⑧右脚擦地收回成五位脚。

第17×8拍：①—④五位半蹲；⑤—⑧双脚推脚背立半脚尖，身体保持正直。

第18×8拍：①—④保持立半脚尖姿态；⑤—⑥五位半蹲；⑦—⑧直立。

第19×8拍—第20×8拍：重复第1×8拍和第2×8拍的动作。

第21×8拍—第23×8拍：①—②半蹲；③—④推脚背立半脚尖；⑤—⑧保持立半脚尖姿态。

第24×8拍：①—②半蹲；③—④直立；⑤—⑥右脚旁擦地；⑦—⑧右脚擦地收回成一位，结束。

3. 训练要求

（1）在练习下肢动作时，切记上身动作的要求——正直挺拔。

（2）注意脚腕的动作——离地前推脚背动作和落地时由脚尖至前脚掌，再到全脚掌过程要清楚，动作要明显。

4. 教学提示

注意跳跃练习时的动作节奏，应抢半拍起跳，形成重拍时落地。

（四）一位、二位小跳训练组合

训练目的：小跳训练是为今后的旋转、高难度的跳跃打好基础。

1. 音乐

曲二十，4/4。

2. 动作说明

共8个8拍（参见视频2-3-13）。

视频2-3-13

预备拍1×8拍：手一位，脚一位站立准备，第⑧拍一位半蹲。

第1×8拍：①双脚推地起跳（图2-3-37）；②落地半蹲（图2-3-38）；③—④直立；⑤—⑦保持一位站立；⑧一位半蹲。

图2-3-37　一位小跳空中绷脚姿态

图2-3-38　一位小跳落地半蹲姿态

第2×8拍：重复第1×8拍的动作。

第3×8拍：一位小跳两次。①双脚推地起跳；②落地半蹲；③起跳；④落地半蹲；⑤—⑦直立；⑧一位半蹲。

第4×8拍：重复第3×8拍的动作。

第5×8拍：①双脚推地起跳；②落地二位半蹲；③—④直立；⑤—⑦保持二位站立；⑧二位半蹲。

第6×8拍：重复第5×8拍的动作。

第7×8拍：二位小跳两次。①双脚推地起跳；②落地半蹲；③起跳；④落地半蹲；⑤—⑦直立；⑧二位半蹲。

第8×8拍：二位小跳两次。①双脚推地起跳；②落地半蹲；③起跳；④落地一位半蹲；⑤—⑧直立，结束。

3. 训练要求

（1）跳跃时始终保持身体直立、两腿外开。

（2）强调脚背用力推地，空中绷脚背、外开。

（3）落地时依次是脚尖、脚掌、脚跟成一位（二位）全脚掌着地半蹲，缓冲直立。

4. 教学提示

（1）多进行跳跃前的预备练习，掌握发力和着地的要领后再进行连贯练习。

（2）组合练习前多进行单一的一位和二位小跳练习。

（五）五位小跳训练组合

1. 音乐

曲二十一，4/4。

2. 动作说明

视频2-3-14

共8个8拍（参见视频2-3-14）。

预备拍1×8拍：手一位，脚五位站立（右脚在前）准备；⑧五位半蹲。

第1×8拍：①—②起跳；③—④二位落地半蹲，右脚在前；⑤—⑥重复①—②的动作，跳起落地时，左脚在前；⑦—⑧保持直立半蹲。

第2×8拍：①—⑦慢慢直立然后保持；⑧半蹲。

第3×8拍—第4×8拍：重复第1×8拍与第2×8拍的动作。

第5×8拍—第6×8拍：重复第1×8拍与第2×8拍的动作。

第7×8拍：重复第1×8拍的动作。

第8×8拍：慢慢直立保持，结束。

3. 训练要求

（1）跳跃时始终保持身体直立、两腿外开。

（2）强调脚背用力推地，空中绷脚背、外开。

（3）落地时依次是脚尖、脚掌、脚跟成一位（二位、五位）全脚掌着地半蹲，缓冲直立。

4. 教学提示

（1）多进行跳跃前的预备练习，掌握发力和着地的要领后再进行连贯练习。

（2）组合练习前多进行单一的五位小跳练习。

知识与技能拓展

一、芭蕾舞姿——阿拉贝斯舞姿

（一）训练目的

阿拉贝斯舞姿是最典型的芭蕾舞姿，主要训练学生的手臂动作线条流畅、优美、舒展。

（二）动作特点

主力腿直立支撑，动力腿向后伸直抬起，双臂的位置前后伸展，与下肢姿态相配合，形成四种阿拉贝斯舞姿。

（三）舞姿动作说明（以2点方向为例）

1. 第一阿拉贝斯

如图2-3-39所示，身体面向2点，右腿为主力腿，左腿向后抬至90°（能力达不到的可做左脚后点地或抬至自己能力范围内的高度），同时右手臂向2点方向前伸，稍高于肩，左手臂于7点方向平举；手心向下，眼随右手方向远望。

2. 第二阿拉贝斯

如图2-3-40所示，在第一阿拉贝斯基础上，变换手臂位置，左臂向2点方向伸出，稍高于肩，右臂伸向6点方向，稍低于肩，手心向下，眼随左手方向远望。

图2-3-39　第一阿拉贝斯舞姿　　　　图2-3-40　第二阿拉贝斯舞姿

3. 第三阿拉贝斯

如图2-3-41所示，身体面向2点方向，左腿为主力腿，右腿抬至90°（能力达不到的可做右脚后点地或抬至自己能力范围内的高度），右手臂向2点方向伸出，稍高于肩，左手臂伸向7点方向，稍低于肩，手心向下，眼随右手方向远望。

4．第四阿拉贝斯

如图2-3-42所示，在第三阿拉贝斯的基础上，变换手臂位置，左臂向2点方向伸出，稍高于肩，右臂向6点方向伸出，稍低于肩，手心向下，眼随左手方向远望。

图2-3-41　第三阿拉贝斯舞姿

图2-3-42　第四阿拉贝斯舞姿

（四）舞姿组合训练

1．音乐

曲二十二，3/4。

2．动作说明

共6个乐句，每个乐句为8个3拍。

预备姿态：身体面向2点方向，左脚在前的五位脚，手一位。

第一乐句：

第1×3拍—第2×3拍：双臂从一位抬至二位。

第3×3拍—第4×3拍：右臂向右旁打开，成左臂在前的六位手，眼视2点方向。

第5×3拍—第6×3拍：左臂向左侧打开，成七位手。

第7×3拍—第8×3拍：小呼吸收回成一位。

第二乐句：

第1×3拍—第2×3拍：双臂从一位抬至二位，主力腿（右脚）半蹲，左脚向前擦地。

第3×3拍—第4×3拍：右臂向右旁打开，成左臂在前的六位手，双腿经四位半蹲移动重心到左腿，右脚后擦地，形成第三阿拉贝斯舞姿，眼视2点方向。

第5×3拍：左臂向前伸展，同时右手臂向自身右斜后方打开，下肢姿态不变，形成第四阿拉贝斯舞姿。

第6×3拍—第8×3拍：在第四阿拉贝斯舞姿基础上左脚立半脚尖起法儿，右脚向6点退后一步，并步顺时针转动，在8点停住，脚右五位站立，转动时双臂三位，停住后双臂

经七位收回成一位。

第三乐句：

第1×3拍：双臂从一位抬至二位，主力腿（左脚）半蹲，右脚向前擦地。

第2×3拍：双臂由二位变换成右臂在前的四位，上身姿态稍前倾并向1点稍拧身，眼视1点方向。

第3×3拍：左臂回二位。

第4×3拍：双臂回一位再向斜后拉开。

第5×3拍—第6×3拍：右脚向8点上步，左脚并步，双臂三位，原地并步转动360°。

第7×3拍—第8×3拍：面对8点右脚在前的五位站立，双臂由三位到七位收回成一位。

第四乐句：

第1×3拍—第2×3拍：右脚向8点迈步，左手在前，右手伸向右斜后方，形成第二阿拉贝斯舞姿；眼视8点方向。

第3×3拍：左脚向8点迈步，双臂变换位置，右手在前，左臂伸向左斜后方，形成第三阿拉贝斯舞姿。

第4×3拍：双臂回一位再向斜后拉开。

第5×3拍—第6×3拍：变换手臂位置，形成第四阿拉贝斯舞姿。

第7×3拍：右脚向3点迈步，左脚并步转动一周半，对2点停住，双臂三位。

第8×3拍：右脚为主力腿半蹲，左脚向2点虚点，双臂成左臂在前的六位，眼视2点斜下位。

第五乐句：

第1×3拍：主力腿（右腿）直立，左脚处于前擦地状态。

第2×3拍：左脚小掖腿前后各一次，手臂动作不变。

第3×3拍：左脚向4点延伸，右腿半蹲，手臂动作是左臂在前的六位，形成第二阿拉贝斯舞姿。

第4×3拍：左脚离地控制（90°），上身姿态不变，保持第二阿拉贝斯舞姿。

第5×3拍—第6×3拍：主力腿（右腿）直立，动力腿（左腿）落地后处于擦地状态。

第7×3拍：经四位半蹲重心移至左脚，上身姿态不变。

第8×3拍：双臂向右旁往上画弧线，形成右臂在上的五位。

第六乐句：

第1×3拍：双臂三位，下肢姿态不变。

第2×3拍：双臂经二位、一位向后画大圆。

第3×3拍—第4×3拍：向后挑腰，双臂到达头顶后继续向前向下，在体前形成小臂交叉姿势，下肢成左前右后的交叉腿（左腿半蹲，右腿6点方向延伸），眼视1点方向。

第5×3拍—第6×3拍：主力腿（右腿）直立，双腿形成直立交叉位，上身姿态不变。

第7×3拍：右腿向3点上步，左腿离地90°控制，右臂斜上位，左臂左斜后方，形成第一阿拉贝斯舞姿。

第8×3拍：舞姿不变，左脚落地，脚尖点地。

结束句：

第1×3拍：左臂在前的六位手，右腿为主力腿，左腿小吸腿，身体对1点。

第2×3拍：双脚立半脚尖，手三位，身体对8点，眼视1点。

第3×3拍—第4×3拍：右腿半蹲，左腿向4点延伸，形成半蹲交叉位，同时右臂在上、左臂在前的四位手，结束。

3. 训练要求

（1）在做阿拉贝斯舞姿时一定要保持舞姿的正确上身姿态，腿的控制位置可根据自身的能力进行调节。

（2）注意动作时要与呼吸配合，使动作流畅。

（3）头、眼方向要正确。

4. 教学提示

（1）单一舞姿练习直至姿态正确后再进行组合训练。

（2）单一动作训练时可以扶把（辅助物）进行。

（3）让学生听准音乐节奏及乐句的划分，有利于动作与音乐的协调统一。

二、大跳训练（本练习在此不安排组合训练，以流水作业形式，在斜线上进行训练）

（一）训练目的

大跳是较难的跳跃动作，训练学生的弹跳能力和上身姿态的完美配合，为今后完成舞蹈剧目打下基础。

（二）动作说明

大跳是在做好了小跳、中跳的基础上进行的，是较难的跳跃技巧训练。起跳前两腿前后错开，前面的腿脚尖点地，七位手准备；经蹉步、蹲、踢前腿空中劈腿跳，跳起时手四位，落地时前面的腿先着地半蹲，后面的腿跟着收回落地半蹲，缓冲后直立。

（三）训练要求

（1）踢腿、起跳时要有爆发力，空中尽量把腿打开成"一"字（图2-3-43）。

图2-3-43　大跳空中舞姿（空中一字）

(2) 空中双腿向远方延伸，上身直立。

(3) 注意空中膝盖伸直，脚背绷直，上身姿态舒展，落地时要轻盈。

(4) 落地后收手。

（四）教学提示

(1) 最初可在把杆上反复练习，找到双腿起跳形成"一"字的状态。

(2) 单一大跳做好后可进行连续大跳练习。

三、旋转练习

（一）动作介绍

旋转是舞蹈中较有难度的动作，需要认真耐心地训练。旋转的种类有很多，例如二位转、四位转、五位转、平转、飞边转、掖腿转等。基于学前教育学生的基础及实用性，选择四位、五位及平转进行教学。

（二）动作说明

1. 四位转

预备位：四位站立，手臂位置是左臂在前的六位手。起法儿动作是四位蹲［图2-3-44（a）］。

旋转时主力腿立半脚尖，动力腿旁吸腿，在手臂的带动下留头、甩头向内或向外旋转一圈（向内是指顺着主力腿方向旋转，向外是指顺着动力腿方向旋转），回到预备位［图2-3-44（b）（c）］。

图2-3-44

（a）四位转准备舞姿；（b）四位转旁吸腿舞姿（过渡动作一）；
（c）四位转旁吸腿平开手舞姿（过渡动作二）

2. 五位转

预备位：五位站立，手臂位置是左臂在前的六位手。起法儿动作是五位蹲。

旋转时主力腿立半脚尖，动力腿旁吸腿，在手臂的带动下留头、甩头向内或向外旋转一圈（向内是指顺着主力腿方向旋转，向外是指顺着动力腿方向旋转），回到预备位。

3. 平转

预备位：（以向教室右前方旋转为例）左脚为主力腿，右脚脚尖点地，手臂位置是右臂在前的六位手，身体对8点，头转向2点，眼视2点方向。

第一步：在手臂力量带动下身体重心移至两脚间，双脚立半脚尖，右手臂向旁划开成七位手，头、眼位置均不变。第二步：左脚快速向2点迈步转动，身体重心在两脚间，身体对4点，头、眼位置均不变，把头留住。第三步：右脚顺时针方向向2点迈步转动，头迅速甩动至2点，完成一个转动。

（三）训练要求

（1）立半脚尖是旋转中最基础的一点。只有把脚尖立到最大限度，才会减小脚与地面的摩擦力，才能够轻松、快速地旋转。

（2）主力腿与身体要保持直立且收紧，这样旋转时力量才不会分散。

（3）四位、五位转的起法儿动作非常重要，要稳。

（4）平转时两腿要像圆规一样直立且角度不变，两脚间的距离不能超过肩宽。

（5）留头、甩头是高质量旋转的关键，眼一定要盯着一个方向一个点看。留头是指身体在旋转时头眼留在最初的位置；甩头是指在整个身体转动一圈，第二圈旋转之前的一瞬间头以最快的速度顺着转动方向甩至最初的位置。

（6）手臂是旋转时的加速器和平衡器，手臂位置的变化是顺着整个身体旋转动势而动。

（7）每次旋转动作完成后一定要平稳地停住，身体不能松懈，舞姿不能变形。

（四）教学提示

旋转训练的最初一定要以扶把为辅助物，在把杆上做单一动作规范练习，只有基本功扎实了，才能脱把连贯练习。

课后思考与练习

一、坚持进行勾、绷脚及软开度的训练。

二、反复练习把杆上的组合,在不断地练习中逐渐达到动作要求。

三、在进行跳跃练习过程中体会跳跃时前脚掌推地发力的感觉。

四、多进行舞姿的训练。

五、有能力完成技能拓展部分内容的学生要坚持不懈地练习,不断提高自己的舞蹈水平。

第三章 幼儿舞蹈基础

教学任务与目标

通过本章节的学习，使学生了解幼儿舞蹈的特点与功能以及分类，明确幼儿舞蹈与幼儿教育的关系；掌握幼儿舞蹈基本舞步、常用手位和动作；并通过幼儿舞蹈常用动作和舞步组合训练，丰富学生的幼儿舞蹈语汇，发展学生的身体协调性，培养动作的节奏感，为幼儿舞蹈创编打下基础；同时，体验幼儿舞蹈带来的童趣与童乐。

第一节 幼儿舞蹈概述

一、幼儿舞蹈定义

幼儿舞蹈是以幼儿的思维方式、认知事物的方法，运用身体动作语言，结合音乐和表演所呈现的一种艺术形式。它形象、直观、生动活泼、富有感染力、易于被幼儿接受，是集中反映幼儿生活、表达幼儿情趣、促进幼儿身心健康发展的一种艺术教育活动。

二、幼儿舞蹈的特点与功能

幼儿舞蹈是舞蹈艺苑中一支独特的、鲜嫩的花朵，它除了舞蹈艺术具有的特性外，又

有它自身的个性与特点。幼儿舞蹈突出表现为活泼、天真、夸张、有趣。从幼儿的心理和生理的角度来看，它具有以下特性：一是"短小"，即舞蹈时间短，内容短小精悍；二是"浅显"，要求舞蹈结构简单，易于理解，有一定的简单情景；三是"幼稚"，即突出幼儿阶段的心理特点。它应富有"童心"与"童趣"。幼儿舞蹈蕴含着孩子们对"真、善、美"的感受与独特的表达方式，真实地反映幼儿生活情趣。所以，幼儿舞蹈有别于成人舞蹈，表现更为欢快、简洁、明朗。

通过舞蹈艺术教育活动，能够使幼儿受到美的熏陶，激发幼儿自我表现和自我表达的意识与欲望，培养幼儿健美的身姿和对节奏的感受力，发展幼儿动作的协调性，培养幼儿良好的道德品质，从而促进幼儿强健体魄、健康个性和健全人格的形成，使幼儿得到全面的发展，达到寓教于乐的目的。

（一）直观形象性

舞蹈是通过人的眼睛进行审美感觉的艺术，因此其艺术形象具有直观性特点。幼儿舞蹈也不例外，而且这一特点尤为突出。这是由于幼儿正处在生长阶段，大脑神经系统尚未发育成熟，其思维特点是形象和具体的。所以，教师在选择或创造舞蹈形象时，应考虑到舞蹈的直观性，使之易于被幼儿理解和接受。

形象性是幼儿最初认识舞蹈、了解作品主题和所塑造艺术形象的一个重要途径。由于幼儿的大脑神经系统还没发育成熟，所以他们对美好事物的想象和理解都是形象的、具体的，他们要通过最直接、最直观的形象感受作品，从舞蹈情景和动作特性中加深对舞蹈形象的理解，体会作品中的情趣，从而抓住喜欢的舞蹈形象，引发更强烈的美感与心灵触动。如幼儿舞蹈《小鸭嘎嘎》抓住小鸭走路笨拙的憨态形象，头部设计一顶夸张的鸭嘴帽、一张大大扁扁的鸭嘴，腹部和尾部用海绵填充，加上全身上下的毛茸茸，整体造型感极强，显得形象生动、活泼可爱。又如在幼儿舞蹈《小茶壶》中，编导将现实生活中茶壶的用途用有趣的、形象性的动作表现出来，大八字半蹲动作显得"四平八稳"，长长的手臂加上曲腕表示茶壶的"嘴"，在大八字蹲的基础上，抬起一条腿，身体形成倾斜，呈现出"倒水"形象；"茶壶"跳舞，形象生动、趣味性强。

所以，幼儿舞蹈的关键就在于舞蹈的形象越直观、通俗、易懂，就越容易被幼儿所接受和喜欢。反之，抽象的舞蹈形象幼儿是不能理解和喜欢的。

（二）动作模仿性

皮亚杰认为："模仿是儿童日常生活中增长知识和能力的主要手段。"古希腊教育家亚里士多德认为"人从孩提时就有模仿的本能。模仿就是学习"。在模仿中，幼儿的语言得到掌握，动作的协调得到锻炼，思维的走向变为活跃，智能的发展得到提高，幼儿在模仿中成长，在模仿中显示他们的稚气，袒露他们的纯真和乖巧。所以，幼儿的各项能力都是从模仿开始的。例如，幼儿对动物的模仿——小兔跳、蝴蝶飞、小马跑等；对植物的模仿——小草发芽、树儿摇、花儿开等；对人物的模仿——老爷爷、解放军、火车司机以及电影电视里的儿童人物角色等；对自然的模仿——河水流、云儿飘、太阳、月亮等。如《小骑兵》，它是一个简短的歌舞表演，刻画了小骑手勇敢的形象。动作以模仿骑马的动态为主，利用欢快的跑跳步、小跑步加强对形象的刻画，并配合歌词进行"骑马""吹号"的动态模仿，显得生动活泼、英勇神气，因此能够很好地调动幼儿学习舞蹈的积极性。所以说，动作模仿性是幼儿舞蹈最显著的特点之一。又如，幼儿舞蹈《鼠哥娶亲》，穿着传统大花布的小老鼠、聘礼、唢呐、背新娘等传统元素被一一融入本作品，充满了中国传统的气息。舞蹈形式采用了中国传统秧歌的舞步以及民俗舞蹈中著名的跑旱船，针对孩子身体发展的特点进行改编，实为舞蹈点睛之笔。舞蹈中穿着传统大花布、拿着唢呐的小老鼠晃头、扭腰，踏着秧歌步把娶亲前的气氛烘托得喜气洋洋。老鼠新娘三五成群，一字儿排开与身前老鼠新郎的玩偶配合，时起时伏，随着音乐旋转、颠簸，让整个舞蹈的衔接更加自然紧凑。作品用孩子的眼睛去观察和发现世界，从"童心"出发，去模仿孩子们喜欢模仿的事物。正是这种模仿性，使幼儿舞蹈具有更强的艺术感染力。

（三）童心童趣性

童趣性是指符合幼儿的兴趣和情趣。它是幼儿舞蹈的一个重要特点，也是幼儿生活环境中必不可少的审美特点。幼儿对万事万物都充满好奇心。幼儿的所作所为常常超出成人的思维模式，他们的好奇心、求知欲、模仿性以及好玩、好动等特性发自其内心。兴趣来自幼儿的好奇心和求新心理，有了兴趣，幼儿就会自主地从事探究活动，并引起一定的情感体验。

在舞蹈中，童趣性的功能在于培养幼儿的欣赏能力并引导幼儿的参与意识，吸引其注意力。只有调动了幼儿的参与热情，他们才会爱看、爱跳，不厌其烦地舞动与表演。例如，解放军幼儿艺术团在全国第五届"小荷风采"少儿舞蹈大赛上表演的舞蹈《宝宝泡泡》。本作品取材于宝宝和泡泡做游戏的场景。第一部分，宝宝将浴巾高举过头，大步走来，用全身性、大幅度的动作表现出愉悦的情绪，还利用搓澡巾这一道具变化出搓、拍等动作，好像要制造出更多的泡泡。第二部分，宝宝抱着泡泡又蹦又跳，或转圈，或拍打，或抛起，和泡泡做游戏，玩得不亦乐乎。与泡泡游戏的动作充分体现了宝宝对泡泡的好奇心及探究的行为，表现出宝宝和泡泡玩乐时的童趣。第三部分，宝宝们齐上阵，追着泡泡做游戏，情绪一路高涨，在充满活力的"嗨"声中结束。

（四）童真童幻性

幻想是由于个人的愿望和社会的需要而引起的特殊的想象，同时也是反映现实生活

的一种特殊的手段。幻想对于人类十分重要，必不可少。可以说，如果人类没有遨游太空的幻想，也就不会有宇宙飞船登上月球的科技成果。在艺术创作中也必须运用幻想这一手段。鲁迅先生讲道："孩子们是可以敬服的，他们常常想到星月以上的境界，想到地下面的情况，想到花卉的用处，想到昆虫的语言，他们想飞上天空，他们想潜入蚁穴……"幼儿的视角充满丰富、奇异的想象，常常与成年人有着不同的思维方式——经常将一些无生命的玩具、物品赋予生命，并使之成为自己的玩伴。这就是幼儿充满童真的思维方式。

童幻主要是指幼儿对未来事物产生想象、充满希望的过程，是创造想象的一种特殊形式。童幻性通常是界定幼儿艺术最显著的标志。因为幻想是幼儿心理活动中最活跃的因素。童幻性是幼儿舞蹈中不可缺少的一个部分，也是区别于成人舞蹈的一个显著特点。例如，在幼儿舞蹈中，孩子们可以像海鸥一样越过海洋，像云朵一样在天空飘荡，还可以像鱼儿一样在水中游玩，像恐龙、像超人等。幼儿有限的活动场所在他们丰富的想象中变成了无限的游乐世界。他们把自己放到想象的世界中，超越现实，打破时间、空间的界限，按自己的需要来虚构形象。他们幻想中的事物比真实情景中的事物更活跃、更富有诗意和色彩。在幼儿舞蹈题材作品中，天上地下、月球太空无所不通、无一不达。他们可以和蓝天、白云通电话，和海水、鱼儿一起唱歌，可以在月亮上荡秋千，可以像超人一样飞天遁地……孩子幻想过程中真实而强烈的情感，体现了他们对想象情景直接表露的特点。因此，幼儿舞蹈正是展示他们独特心灵的"窗户"，也是表现幼儿情感世界最直接的方式之一。

所以说，童幻性既是沟通少儿与万物交流的桥梁，又是产生夸张、变形、诙谐、幽默等艺术形式所必须具备的重要条件。如幼儿舞蹈《未来时空》中，一个孩子梦幻般来到未来世界，见到了许多机器人以及这些机器人的设计者——未来的自己，和机器人们舞起了太空步，和他们走向美好的未来时空，从而完美地体现了孩子们丰富多彩的想象力，吸引了广大的小观众。

（五）教育游戏性

舞蹈作为一种技能，既是身体活动方式，也是一种心智活动方式。舞蹈动作是肌肉、骨骼与神经系统相配合的运动，但它不是孤立于身体上，它是与心理活动结合在一起的活动。随着幼儿的生长发育和功能活动的不断发展，其心理活动也相应发生较大的变化和发展，这是婴儿期心理发展所不可比拟的。幼儿产生了新的需求，渴望参加成人的社会实践活动，那么，通过舞蹈教育，能促使幼儿心理的良性发展和开发幼儿的各种能力。

爱玩游戏是孩子们共同的天性。在幼儿舞蹈教育活动中，游戏常常融入其中，幼儿在舞蹈中游戏，在游戏中舞蹈。"快乐的舞蹈"是幼儿舞蹈教育领域倡导的理念。在舞蹈游戏活动中，让孩子体验快乐，愉悦身心；在舞蹈教育活动中，孩子动作模仿力和运动能力得到加强；通过舞蹈教育活动，促进了幼儿身体的发展、情绪情感的发展和社会性发展。这就是舞蹈教育结合游戏所起到的重要作用，这就是舞蹈的教育游戏性，而且这是一种充满意味的高级游戏，幼儿在舞蹈中体验了喜悦等情趣，同时又懂得了道理，丰富了想象。

丰富多彩的幼儿舞蹈从题材、主题、表现形式上都是以孩子为中心，时时处处从孩子的需要出发，通过对舞蹈的学习、观摩、排练和表演等活动，使幼儿形成活泼、开朗、热情、大方的性格，陶冶幼儿的性格和品德，使其逐渐形成良好的道德准则和团结合作精神。比如舞蹈《小猫钓鱼》中，一个幼儿扮演懒馋又贪睡的猫，拿着鱼竿去池塘钓鱼，钓着钓着就睡着了；那些机敏的小鱼们，以它们的团结和智慧最终反而把小猫钓了起来。这个作品使幼儿从游戏中明白了遇事莫慌张，要学会动脑筋、想办法，只要大家团结起来，齐心协力，就会想出好办法的道理。因此，幼儿舞蹈既具有游戏性，又具有教育性。

总之，幼儿舞蹈是由幼儿表演且表现幼儿生活的舞蹈。孩子在音乐与歌曲的伴奏下用形体语言来传情达意，用人体动作来塑造各种人物形象。幼儿的舞蹈充满了神奇的想象。天真、无邪的孩子在五彩缤纷的世界里表现出对音乐、对舞蹈有着天然的亲近，手舞足蹈成为孩子们表达自己情感的最直接的方式之一。幼儿舞蹈作为一门独特艺术深受幼儿喜欢，它既可以丰富幼儿的内心活动和情感世界，使孩子变得活泼、开朗、热情、大方，又可以增强体质，促进幼儿身体运动机能，对于幼儿个性的形成、智力开发以及审美能力等全面发展都起着重要作用，是其他学科所不能替代的特殊教育。

三、幼儿舞蹈分类

幼儿舞蹈形式广泛，体裁多样，根据其特点和表现形式幼儿舞蹈可分为自娱性舞蹈和表演性舞蹈。

（一）幼儿自娱性舞蹈

幼儿自娱性舞蹈包括幼儿律动、幼儿歌表演、幼儿歌舞表演、幼儿集体舞、幼儿舞蹈游戏和幼儿即兴舞蹈。这些是幼儿园舞蹈艺术教育活动的主要表现形式。幼儿自娱性舞蹈（本章略写）将在第五章做重点阐述。

（二）幼儿表演性舞蹈

幼儿表演性舞蹈是幼儿在舞台或广场表演给同伴、家长观赏的舞蹈。幼儿在音乐或歌曲声中，通过有节奏的动作及不同的造型来表达他们的生活情感，具有主题思想鲜明、舞蹈形象突出、情节结构完整、童趣性强的特点。幼儿表演性舞蹈题材广泛、体裁丰富。它

强调简单的结构、突出的形象、浓郁的童趣和奇特的幻想性、丰富的游戏性、适当的话语性以及强烈的时代性。幼儿表演性舞蹈包括抒情性幼儿舞蹈、叙事性幼儿舞蹈和幼儿童话歌舞剧。

1. 抒情性幼儿舞蹈

抒情性舞蹈，又称为"情绪舞"，是直接抒发思想情感的舞蹈。情绪舞蹈以抒发情感为主要任务，没有复杂的具体细节，甚至没有情节，也没有特定的人物关系，更没有起伏跌宕的故事，其主要艺术特征是在特定的环境中，以典型舞蹈语汇、乐曲的明快节奏、丰富的画面构图和流畅的舞台调度为载体来抒发人们的思想感情，以此来展现舞蹈的主题，感染观众。其舞蹈动作是以鲜明而有特色的几个足以反映特定情绪的典型动作为主，根据舞蹈情绪的发展而进行变化和重复出现，并以各种舞台构图（队形）来创造特定的意境和气氛。它的配乐，一般主要是烘托和渲染舞蹈内容所规定的节奏、情绪和气氛，不一定要创造特定的音乐形象。

幼儿情绪舞是指在特定的环境中，以形象鲜明、生动的舞蹈语言来直接抒发幼儿的情绪、情感，以此表达幼儿对生活的感知和态度。幼儿情绪舞一般以表现幼儿高兴、喜欢、热爱等强烈的情绪为主。它的动作一般都很简洁，舞蹈构图流畅。在表现手法上，通常运用"托物言志""缘物寄情"等表现手法，再通过对自然景物的模拟和描绘来抒发感情、表达思想。幼儿的情感表达特点是直接且单一，所以情绪性舞蹈的结构简单明了。一般都是以音乐的结构段落编排舞蹈，比较单一情绪的小型舞蹈大多采用一段体（A）或二段体（A–B）、三段体（A–B–A）的节奏变化的结构形式。由于孩子处在幼儿时期，情绪情感正处于释放期，表达较为直观和情绪化，因此在幼儿舞蹈中，此类型的抒情舞蹈较为常见。如幼儿舞蹈作品《春天的遐想》，它取材于自然景物题材，通过春芽、向日葵和小蜜蜂等艺术形象，来表现春天来了，大地从万物复苏到生机勃勃的景象。整个舞蹈作品从头至尾，一直笼罩在绿色的灯光下，为观众营造了大地复苏、遍地绿色的春天到来的环境气氛。音乐也自始至终保持着欢快的曲调。舞蹈结构主要分为两段：第一段以绿色的小春芽为主，表现了它们从出土到发芽的生长过程；第二段以小春芽们衬托向日葵，与四只小蜜蜂共同起舞，来展现春天里大地的朝气蓬勃。

2. 叙事性幼儿舞蹈

叙事性舞蹈，又称为"情节舞蹈"，其主要艺术特征是通过舞蹈中不同人物的行为所构成的情节事件来塑造人物，表现作品的主题内容。它包括人物、矛盾冲突、特定的时间和环境，通过人物与人物、人物与环境的具体矛盾冲突，构成完整的故事内容，以塑造舞蹈形象和表现舞蹈主题。情节舞蹈有具体的事件和具体的人物，比情绪舞蹈复杂。情节舞蹈的结构通常以叙述事件来展开。以开始—发展—高潮—结尾的顺序编排，一般有三段体（A—B—C）或（A—B—A）。幼儿情节舞蹈是通过舞蹈中不同人物的行动所构成的简单情节事件来塑造人物形象，表现作品的主题思想。如幼儿舞蹈作品《我的爷爷奶

奶》，它取材于现实生活题材，展现了爷爷、奶奶哄小宝宝玩闹、嬉戏等真实的生活情景。舞蹈按时空顺序编创，剧情完整且富有生活感，环环相扣、过渡自然、舞段连接紧凑又段段富有戏剧性。人物形象鲜明，主题动作既夸张又极具典型性，一床、一桌、两椅，仅四个道具，不仅清晰明了地交代了地点和环境，更为烘托气氛、支撑舞蹈编排、塑造人物形象增添了无限光彩。加上小演员惟妙惟肖的表演以及音乐、舞美的完美设计，使《我的爷爷奶奶》成为幼儿舞蹈的经典之作。

叙事性舞蹈与抒情性舞蹈相比，更偏重于写实性，其情节内容更具戏剧性，易于观众理解和接受，因此，往往能产生更强烈的社会反响。

3. 幼儿童话歌舞剧

幼儿童话歌舞剧是集音乐、儿歌、故事、舞蹈和游戏于一体，载歌载舞的综合表演艺术形式。具体来说，它是以3～6岁儿童的身心发展需要为中心，多采用故事的题材和形式，以歌舞为主要表演形式，通过童话故事、音乐、儿歌、游戏、表演等多种艺术形式，并结合服装、头饰、布景、道具、灯光等多种艺术手段，表现一个完整故事情节（或一定的人物关系与事件冲突）的综合性的舞台表演艺术形式。它可以由成人表演给幼儿欣赏，也可以由幼儿自己表演。在故事里能集中、典型地反映现实生活，以活生生的形象反映幼儿的思想感情，感染力大，总是深深地吸引着孩子们。例如，由总政蓝天幼儿园220名平均年龄不到6岁的孩子演出的大型儿童歌舞剧，由序幕《梦想》、《羽毛》、《小雨滴》、《七彩飞扬》和尾声《我要飞》五个部分构成，剧中表现幼儿心灵世界的纯洁、天真、好奇、善良和崇尚理想的精神。又如歌舞剧《海的女儿》，是一个根据安徒生的童话故事《海的女儿》改编的独幕四场童话歌舞剧。剧情通过表现一个美丽、善良、勇敢的小人鱼公主对爱情的执着追求和为爱而不惜牺牲自己生命的感人故事，表现了小美人鱼崇高的精神境界和美好善良的心灵。全剧加尾声一起共分四场，分别为《海中嬉戏》《海边相救》《毅然抉择》《重归大海》，包含有群舞、独舞、双人舞，整个剧目时长为12分钟。

四、幼儿舞蹈训练体系

根据幼儿的生理、心理特点，按照舞蹈的训练体系结构，幼儿舞蹈训练包括幼儿身体基本形态训练、幼儿身体各部位感知训练、幼儿舞蹈形体素质训练、幼儿舞蹈基本舞步训练、幼儿舞蹈基本动作训练和幼儿舞蹈组合训练。

从时间、空间的维度和舞蹈表现力来说，幼儿舞蹈训练包括舞蹈基本方位训练、动作节奏训练、身体协调训练、舞姿舞感训练和幼儿舞蹈作品排练。其中身体协调训练和舞姿舞感训练常体现在舞蹈形体素质训练中。这些训练均以幼儿舞蹈组合和完整的舞蹈形式来让幼儿进行实践与表演。

（一）幼儿舞蹈方位训练

舞蹈训练离不开空间运动。在舞蹈中所有的动作与舞蹈形式都受时空的限制。在对幼儿进行动作方位训练时，可以选择合适的儿歌或乐曲，方位变化不宜过快，在音乐的伴奏下，教师每一个乐句或一句歌词提示一个方位，孩子根据音乐和老师的提示，在每一个方位上根据音乐的特点做一些摆头或拍手、屈膝等动作，这样能够让孩子感受音乐的节奏。

1. 训练目的

通过舞蹈方位组合的学习，让孩子能了解舞蹈最基本的知识和感受常用的空间方位；既能培养孩子的音乐节奏感和动作节奏感，又能够提高孩子学习舞蹈的兴趣。

2. 组合音乐

曲一，《小小舞蹈家》。

3. 动作说明（参见视频3-1-1）

前奏1×4拍：直立，双手叉腰，目视前方。

第一段音乐：

第1×8拍：

视频3-1-1

①—④右手立腕单指指向1点方向，同时向前做小碎步。

⑤—⑧双膝半蹲，左右摆动手指，同时头部随之摆动。

第2×8拍：

①—④碎步后退，同时右手随之收回背手。

⑤—⑧双膝半蹲双背手，眼看1点方向。

第3×8拍：

①—④身体右转45°，双手呈小兔耳朵状放于头上，头向左侧倾斜，眼看1点。

⑤—⑧身体正对2点方向，模仿小兔，连续向2点方向蹦跳三次。

第4×8拍：

①—④碎步后退回到原位，同时双手经前下落。

⑤—⑧双膝半蹲随之收回双背手，面朝1点方向。

第5×8拍：

①—④身体右转90°，立半脚掌，同时右手以孔雀手型放于头部上方，左手以孔雀手型放于左胯旁。

⑤—⑧保持舞姿，眼看3点方向上方，碎步行进。

第6×8拍：

①—④保持舞姿，眼看1点，碎步后退回到原位。

⑤—⑧面向1点方向，直立，随之收回双背手。

第7×8拍：

①—④右脚朝4点方向上步，同时右臂向4点上方撩出。

⑤—⑧双手于肩前左右击掌两次，头部随之左右摆动。

第8×8拍：

①—④双手继续于肩前左右击掌两次，头部随之左右摆动。

⑤—⑧面向1点方向，直立，随之收回双背手。

第二段音乐：

第1×8拍：

①—④身体左转180°，面对5点，同时右脚迈步成大八字位，左脚旁点站立，左手五指以开手型上举，右手背手位。

⑤—⑧重心移至两腿中间成大八字位双背手。

第2×8拍：

①—④重心移至左脚，右脚旁点位，同时右手五指以开手型上举，左手背手位。

⑤—⑧双背手立踵原地碎步左转180°，面向1点方向直立。

第3×8拍：

①—④身体左转125°，左脚朝6点上一步，同时左手成"牛角手"手型放于脸前，右手叉腰，抬头挺胸，似吹号状，眼看6点上方。

⑤—⑧保持吹号的舞姿。

第4×8拍：

①—④碎步后退回到原位，同时双手经前下落。

⑤—⑧双腿并立，随之收回双背手，面朝1点方向。

第5×8拍：

①—④身体左转90°，立半脚掌，同时右手在平举位，左手在上举位成顺风旗舞姿。

⑤—⑧保持舞姿，眼看7点方向上方，碎步行进。

第6×8拍：

①—④保持舞姿，眼看1点，碎步后退回到原位。

⑤—⑧面向1点方向，直立，随之收回双背手。

第7×8拍：

①—④左手成"枪手"手型向8点方向伸出，同时，眼睛平视8点方向。

⑤—⑧右手成"枪手"手型向8点方向伸出，屈肘使右手位于左肘内侧。

第8×8拍：

①—④双手经上向4点方向划弧，晃手一周回到8点方向，眼随手走。

⑤—⑧前两拍不动，后两拍还原双手叉腰。结束。

4．练习要求

（1）每一个方位要准确。

(2) 注意动作要撑满音乐节奏。

(3) 注意上肢的舞感。

5. 教学提示

先直立叉腰，按照顺时针方向进行单一方向训练，然后再进行上肢动作的配合以及动作连接训练，最后合音乐练习。

(二) 幼儿舞蹈动作节奏训练

动作节奏和音乐的节拍密切相关。节奏也是舞蹈三大要素之一。

节拍也称拍子，是指表现乐曲中一定单位长度（一小节）的时值和强弱关系，包括两拍子、三拍子、四拍子等。舞蹈中的节拍是指动作的速率，也就是动作的快慢。例如，同样是三拍子，用快速的动作表现，会给人活泼明快的感觉，而用慢速就会获得优雅、闲适的效果。

节奏是指按照一定规律反复出现，赋予音乐不同性格并具有特色的节拍。最基本的节拍是律动拍，即间隔相等的节拍。当我们听到音乐时，不由自主地产生某些脚、手或头部略带规律性的动作反应，这就是律动拍。幼儿舞蹈大多采用律动拍进行动作组织和表现。除了有规律的节奏外，还有一些不规则的节奏，如切分声奏，就是将重拍置于原本是弱拍的部分，打破节奏中的重拍规律。在舞蹈中，可以通过力量较强、幅度较大、速度较快的动作来凸显重拍。节奏作为音乐旋律的骨干以及乐曲结构的基本因素，也是影响舞蹈动作组织的重要因素之一。

1. 训练目的

通过本组合的学习，使学生感知与体验四二拍子节奏和四三拍子节奏；在上下肢动作的配合下完成不同的动作变化和不同的节奏变化；培养学生动作的协调性和节奏感。

2. 组合音乐

曲二，《四二拍四三拍》。

3. 动作说明（参见视频3-1-2）

视频3-1-2

前奏1×4拍：面对1点，交叉盘腿坐，双手背于腰后。

第一段音乐：（2/4节奏起）

第1×8拍：

①—④双手于左右肩前交替击掌两次，头部随之摆动。

⑤—⑧重复①—④动作。

第2×8拍：重复第1×8拍动作。

第3×8拍：

①—④前两拍于胸前击掌两次，一拍一动；后两拍静止。

⑤—⑧左手叉腰，同时右手经1点向2点摊手。

第4×8拍：重复第1×8拍动作，但动作对称，左手经1点向8点摊手。

第5×8拍：

①—④于胸前击掌四次，一拍一动。

⑤—⑧左手叉腰，同时右手经1点向2点摊手。

第6×8拍：重复第5×8拍动作，但动作对称，左手经1点向8点摊手。

第7×8拍：

①—④前两拍于胸前击掌三次，两拍三动；后两拍静止。

⑤—⑧双臂经体前交叉上举分掌至旁按手。

第8×8拍：重复第7×8拍动作。

第二段音乐：（3/4节奏起）

间奏2×③：双手撑地站立起身成小八字位，保持旁按手位。

第1个8×③拍：

1×③—8×③：左右移动重心，一小节一次，做八次。

第2个8×③拍：

1×③：①双手胸前击掌；②左手前平伸，手心朝下，同时右手点击左臂肘关节内侧一次；③身体稍右转，左臂主动前伸延长，同时右手点击左肩，抬头挺胸，眼看1点。

2×③：同1×③动作，但方向相反，动作对称。

3×③—4×③：重复1×③—2×③动作。

5×③—6×③：重复1×③—2×③动作。

7×③—8×③：重复1×③—2×③动作。

第3个8×③拍：

前4×③，双手旁按手位，左转360°接盘腿坐地；后4×③，拍手一次（重拍）接拍膝盖内侧（弱拍）两次，拍膝盖时眼睛看左边，体稍前倾，共做四次。

第4个8×③拍：

1×③：双背手，体前倾，看左边。

2×③：身体还原盘腿坐，双背手。

3×③—4×③：双手经腰间向前推出，然后平分掌接双背手。

5×③—8×③：重复1×③—4×③动作。

结束句2×③：双臂经旁上举，手腕相靠，再下落，原路返回至双背手，结束。

4．练习要求

（1）注意二拍子与三拍子的区别以及强弱关系。

（2）击掌要响亮，节奏转换要及时反应过来。

5．教学提示

先学习单一节奏型，再进行动作组合学习。

(三) 幼儿舞蹈身体基本形态训练

基本形态是指先天形体和后天塑造的最基本的身体姿态。基本形态训练是形体训练的初级阶段，也是幼儿形体训练初期很重要的训练步骤。基本形态的正确与否，直接影响到幼儿动作美的形成。

幼儿舞蹈基本形态包括站姿、坐姿、卧姿、走姿、跑姿等。而站姿基本形态和坐姿基本形态是静态训练的基础课。

幼儿正确的站立形态是挺胸、收腹、立腰、拔营、紧臀；双膝伸直，双腿夹紧，两脚并拢或脚跟并拢，脚尖分开45°～60°，如图3-1-1（a）（b）（c）所示。

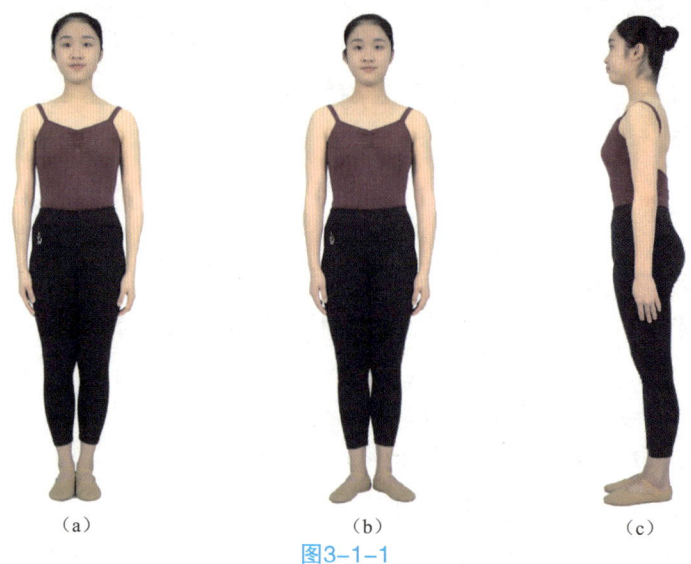

图3-1-1
（a）正步位站立（正面）；（b）小八字位站立（正面）；（c）正步位站立（侧面）

幼儿正确的行走姿态：它是在站姿的基础上，重心前移，两脚交替向前自然迈步，左右双脚内侧应落在一条直线上，两臂自然地前后摆动。要求步态自如、轻盈，如图3-1-2所示。

幼儿正确的坐姿形态：坐时上半身挺直，脖子梗直，下颌微收，双肩微向后展、放松、下垂，挺胸立腰，使背部与臀部成一直角。基本坐姿要求双臂放于身体两侧、指尖点地或放于背后。并腿坐如图3-1-3（a）（b）所示；盘腿坐如图3-1-4（a）（b）（c）所示，图3-1-4（c）是前后盘腿坐；吸腿坐如图3-1-5（a）（b）所示，图3-1-5（a）是双吸腿坐，图3-1-5（b）是单吸腿坐；跪坐如图3-1-6所示。

值得注意的是，幼儿天生好动，不能长时间进行站姿、坐姿或走姿训练。必须注意教学的方法和手段，用生动的语言进行教学，以保证幼儿学习舞蹈基本形态的注意力。例

图3-1-2　单腿重心后点地站立

如：坐姿练习时，可以在地面上画一个圈，要求幼儿坐在圈内，然后用生动、形象的语言来规范动作。如"立如松，坐如钟""我是一个不倒翁"。走姿训练时，可以在地上画一条直线，让幼儿沿着线行进，模仿"模特"走，这样幼儿就不会感到枯燥乏味了。

图3-1-3
（a）并腿直膝坐指尖点地（侧面）；（b）并腿直膝坐指尖点地（半侧面）

图3-1-4
（a）交叉盘腿坐双背手（正面）；（b）交叉盘腿坐双背手（侧面）；
（c）前后盘腿坐指尖点地（正面）

图3-1-5　　　　　　　　　　　　　图3-1-6　双腿并跪坐双背手
（a）双吸腿坐指尖点地（侧面）；（b）单吸腿坐指尖点地（侧面）

1. 训练目的

通过各种站姿、坐姿动作的学习，使孩子能感受不同姿态的动作要求，培养孩子的形

体姿态美。

2. 组合音乐

曲三,《星星河》。

3. 动作说明(参见视频3-1-3)

前奏：8×③+1×③

视频3-1-3

前四小节，站立于7点位置，后四小节跑向场中，最后一小节转向1点小八字位站立，双手旁按手。

第1组16×③拍：

（1）1×③—4×③：小八字位双手叉腰站立。

（2）1×③—4×③：右转面向3点，成右脚支撑重心，左脚后点地，然后左脚收回成小八字位站立。

（3）1×③—4×③：立半脚掌碎步移动，双手旁按手位，身体左转至8点方向，成左脚支撑重心，右脚前点地，双背手，眼看1点。

（4）1×③—4×③：右脚收回立半脚掌碎步移动，双手旁按手位，身体右转至2点方向，成右脚支撑重心，左脚前点地，双背手，眼看1点。

第2组16×③拍：

（1）1×③—4×③：左脚收回立半脚掌碎步原地左转360°，双手旁按手位。

（2）1×③—4×③：继续碎步，身体左转至8点方向，左脚朝8点上步支撑重心，右脚后点地，同时左臂经上举屈肘搭肩，右臂侧平举，然后右手搭肩，再双手叉腰，眼看右前下方。

（3）1×③—4×③：重复（1）1×③—4×③动作，但动作对称。

（4）1×③—4×③+1×③：重复（2）1×③—4×③动作，但动作对称，最后一小节保持舞姿造型。

间奏音乐：共9×③

（1）1×③—4×③：左脚跪地，接着右脚跪地成双腿并跪立，接着双腿跪坐，臀部向右主动坐地成双吸腿坐，双臂斜后撑地，面对7点方向，挺胸立腰。

（2）1×③—4×③：双腿伸直成直膝并腿坐姿态。

（3）1×③：成双吸腿，低头含胸，双手抱小腿团身。

第3组16×③拍：

（1）1×③—4×③：保持双吸腿，抬头挺胸，眼看7点上方，同时双手身体斜后方撑地。

（2）1×③—4×③：前两小节，双手抱小腿团身，含胸低头；后两小节，双手身体斜后方撑地，同时左腿向7点方向伸直绷脚，右腿保持吸腿位，眼看1点方向。

（3）1×③—4×③：左腿屈膝成双吸腿，团身抱腿，低头含胸。

（4）1×③—4×③：身体右转，面向1点方向，成前后盘腿坐（右腿在前），双手旁按手位，指尖点地，平视前方。

第4组16×③拍：

（1）1×③—4×③：还原团身抱腿，脚尖点地，向左臀部转270°，面对3点方向。

（2）1×③—4×③：直膝并腿坐，双手旁按手位，指尖点地，平视前方。

（3）1×③—4×③：双吸腿，团身抱腿，低头含胸。

（4）1×③—4×③：保持双吸腿，抬头挑胸，双臂后撑地，眼看上方。

第5组16×③拍：

（1）1×③—4×③：前两小节，双手抱小腿团身，含胸低头；后两小节，双手身体斜后方撑地，同时右腿向3点方向伸直绷脚，左腿保持吸腿位，眼看1点方向。

（2）1×③—4×③：右腿屈膝成双吸腿，团身抱腿，低头含胸。

（3）1×③—4×③：身体左转，面向1点方向，成前后盘腿坐（左腿在前），双手旁按手位，指尖点地，平视前方。

（4）1×③—4×③+1×③：前两小节，身体对8点方向向前俯身，双臂伸直，手心朝下，塌腰埋头，同时右腿慢慢伸直；后两小节，上体抬起成半劈叉坐姿，双手旁按手位，指尖点地，眼看2点方向。+1×③时，面对1点方向，右腿屈膝，双吸腿，团身抱腿，低头含胸。

结束句4×③：前两小节，身体对2点方向向前俯身，双臂伸直，手心朝下，塌腰埋头，同时右腿慢慢伸直；后两小节，上体抬起成半劈叉坐姿，双手旁按手位，指尖点地，眼看1点方向，然后左手随着音乐节奏放慢而慢慢向2点方向伸出造型，结束。

4. 练习要求

（1）注意动作转换时过程要清晰。

（2）练习时注意听节奏的同时还要注意音乐的断句。

5. 教学提示

先介绍单一身体姿态和舞姿，再进行动作组合学习。

（四）幼儿身体各部位感知训练

感知觉是人的一种认识过程，是人脑对客观事物个别属性和整体属性的直接反映。在实践活动中，感觉和知觉总是几乎同时出现，很难区分，所以一般称之为感知觉。通过身体各部位正确的感知觉练习，能够使幼儿体会到保持正确身体姿态所必需的肌肉感觉，从而提高其自我判断能力和自我控制能力，克服因某些因素而产生的身体形态方面的错觉，在头脑中形成正确的记忆，以便保持正确的形态，并逐步养成习惯。同时，通过对颈部、肩、胸、背、腹、腰、胯、臀部、大腿、小腿等部位进行规范训练，可以使幼儿肢体匀称和谐，肌肉线条清晰而富有弹性，关节灵活。

人体一般分为头颈、躯干、四肢三部分。形体运动是一门动作艺术，身体每一个部分都有其特定的作用。只有对身体各部位有所感知，并且了解它们的运动规律、特点，才能

更好地调动身体各部位和谐灵活地动作，提高肢体动作的表现力。

1. 训练目的

通过身体各部位感知训练组合的学习，让幼儿了解、感知舞蹈中人体各关节部位最基本的运动动作；掌握最基本的动作方法；同时，培养其音乐节奏感和动作协调性。

2. 组合音乐

曲四，《碰碰舞》。

3. 动作说明（参见视频3-1-4）

视频3-1-4

前奏1×8拍：小八字位站立，双手叉腰，目视前方。

第一段音乐：

第1组5×8拍：

第1×8拍：

①—④向上抬头，然后还原。

⑤—⑧向下低头，然后还原。

第2×8拍：

①—④向左转头，然后还原。

⑤—⑧向右转头，然后还原。

第3×8拍：

①—④向左倾（或屈）头，然后还原。

⑤—⑧向右倾（或屈）头，然后还原。

第4×8拍：

①—⑧由低头起，自左向右头部绕环一周。

第5×8拍：

①—⑧头部先还原平视前方，再经低头向左上抬起，眼看8点上方。

第2组5×8拍＋：

第1×8拍：

①—④双肩向上耸肩一次。

⑤—⑧双肩再向上耸肩一次。

第2×8拍：重复第1×8拍动作。

第3×8拍：

①—④双肩交替上下耸肩四次，1拍1动。

⑤—⑧再双肩交替上下耸肩两次。

第4×8拍＋1×2：双臂自然下垂位，经含胸双肩由前向后绕环一周。

第5×8拍＋1×2：双臂自然下垂位，双肩由后向前绕环一周至含胸低头。

第3组5×8拍+：

第1×8拍：

①—⑧双手叉腰，同时快速抬头挺胸，然后保持姿态。

第2×8拍：

①—④双臂打开至侧举位。

⑤—⑧上动不停，半蹲位，同时双臂屈肘上下相叠环抱肩，低头含胸。

第3×8拍：重复第1×8拍动作。

第4×8拍+1×2：重复第2×8拍动作。

第5×8拍+1×2：双臂经下落至体侧，再上举，手背相靠后经旁下落成双手叉腰。

第4组6×8拍：

第1×8拍：

①—④双手叉腰，胯部左右摆动两次，先左后右。

⑤—⑧重复①—④动作。

第2×8拍：

①—④左脚6点方向撤步成右踵步塌腰翘臀，同时双臂斜后摆，体前屈，眼睛看1点方向。

⑤—⑧重复①—④动作，但方向相反，动作对称。

第3×8拍：重复第2×8拍动作。

第4×8拍：

①—④左脚勾脚直膝，身体向前下压腿，同时双臂经腿部两侧下落至脚踝两侧。

⑤—⑧上动不停，身体直立，同时双臂上举。

第5×8拍：

①—②左脚左后撤步屈膝，成右脚勾脚踵步，同时左臂斜后上举，右臂屈肘，右手置于右脸侧，眼看1点方向；然后身体向前下压腿，同时双臂经腿部两侧下落至脚踝两侧，上动不停，身体直立，同时双臂上举。

第6×8拍：

①—④右脚勾脚直膝，身体向前下压腿，同时双臂经腿部两侧下落至脚踝两侧。

⑤—⑧上动不停，身体直立，同时双臂经上举后，成左脚勾脚踵步，同时右臂斜后上举，左臂屈肘，左手置于左脸侧，眼看1点方向。

第5组4×8拍+：

第1×8拍：

①—④双腿并屈膝四次，同时双臂体前交叉与打开至斜下位，交替四次，重拍向下。

⑤—⑧重复①—④动作。

第2×8拍：

①—④并立踵,同时双手叉腰。

⑤—⑧双脚压脚跟两次。

第3×8拍:原地两脚交替屈伸滚动步四次。

第4×8拍+1×2:

①—④原地两脚交替屈伸滚动步三次。

⑤—⑧并步,双臂经侧平举。

+1×2时,还原直立叉腰,结束。

4.练习要求

(1)每一个动作尽量加大动作幅度。

(2)结合动作注意听音乐的乐句。

5.教学提示

先按动作的分组进行训练,然后再将各组动作连接加以训练,最后合音乐练习。

(五)幼儿舞蹈形体素质训练

形体素质训练是舞蹈形体教学中最重要的内容之一。通过科学的、严格的、长期的形体素质训练,加强对身体进行生物学的改造和锻炼,才能影响孩子的形态,改善机体的能力,促进身体的正常发育,增强体质,提高身体的活动能力,使身体全面发展。对幼儿的心理、智力、意志品质等方面也具有良好的影响。

形体基本素质可分为力量和柔韧性、稳定性和控制能力、协调灵活性和人体的耐力。其中最重要的是力量和柔韧性,它们的好坏直接影响到形体的控制力和表现力。在幼儿舞蹈形体训练中,我们重点以柔韧性练习和力量性练习为主。

柔韧性一般称为"软度",指跨过关节的肌肉、肌腱、韧带等软组织的能力。柔韧素质一般分为动力(主动)柔韧性和静力(被动)柔韧性。动力柔韧性是指练习者依靠相应关节及肌肉群的积极工作完成大幅度动作的能力。静力柔韧性则是借助外力使关节活动范围和韧带肌肉伸展幅度达到最大限度。

柔韧素质的基本练习方法是拉伸法。拉伸法又分为动力性拉伸和静力性拉伸。这两种拉伸法又可采用主动性和被动性两种练习形式。在运用拉伸法时,应掌握好强度、重复次数、组数、间歇时间及动作要求。特别要控制好柔韧性的发展水平,发展程度只要满足形体训练的基本需要即可。过分地发展会导致关节、韧带的变形,影响关节结构的牢固性。幼儿的形体素质训练要特别注重教学方法与教学手段。切记不要生硬强拉,避免身体伤害。多以游戏的形式开展身体素质练习,要让幼儿在玩乐中提高身体素质和基本能力。例如,在进行舞蹈基本素质训练时,通过师生语言互动式来增强幼儿学习的兴趣。

例1.《正压腿训练》师生互动口诀:

(师)练舞不练功——(生)到老一场空!

（师）练舞苦不苦？——（生）我们不怕苦！

（师）压前腿塌腰——（生）胸贴大腿好！

（师）双臂要撑圆——（生）用力压向前！

（师）抬头又挺胸——（生）直膝脚背绷！

（师）反复多次压——（生）看谁进步大！

例2．《压胯训练》师生互动口诀：

（师）一群小青蛙——（生）分腿屈膝趴！

（师）肚皮地上贴——（生）胯膝一条线！

（师）双手撑起来——（生）抬头望望天！

（师）渴了喝口水——（生）抬头张张嘴！

（师）累了再趴下——（生）还是把胯压！

（师）小小青蛙本领大——（生）我的胯儿已压下！

例3．《舞姿训练》师生互动口诀：

（师）摆舞姿——（生）我漂亮！

（师）漂亮舞姿——（生）老师看！

（师）three two one——（生）换一换！

（师）three two one——（生）换一换！

（师）three two one——（生）换一换！

（师）Beautiful pose——（生）奖！奖！奖！

1. 训练目的

通过正压腿、旁压腿、后压腿及腰部的训练组合学习，加强孩子腿部、腰部的柔韧性及力量；掌握舞蹈基本训练中软度练习方法和动作要领，同时，培养孩子的音乐节奏感和动作协调性。

2. 组合音乐

曲五，《我是火车小司机》。

3. 动作说明（参见视频3-1-5）

视频3-1-5

前奏4×8拍：直膝并腿坐，双手旁按位指尖点地，目视前方准备，最后一个8拍时，左腿打开，和右腿形成90°分腿坐，同时双臂上举至芭蕾三位手。

第1组4×8拍：

第1×8拍：

①—④身体向前俯身压右前腿，同时身体塌腰挺胸，手臂延伸拉长。

⑤—⑧还原双臂上举至芭蕾三位手。

第2×8拍：重复第1×8拍动作。

第3×8拍：

①—②身体向前俯身压右前腿，同时身体塌腰挺胸，手臂延伸拉长。

③—④还原上体正直，双臂上举至芭蕾三位手。

⑤—⑧重复①—④动作。

第4×8拍：

①—④双臂经两侧下落至芭蕾七位手。

⑤—⑧右臂上举位，左手抱住右腰。

第2组4×8拍：

第1×8拍：

①—④身体向左倾倒压左旁腿，同时保持右臂姿态，右腰侧延伸拉长，眼看天花板。

⑤—⑧还原身体正直，左手抱腰，右臂上举位。

第2×8拍：重复第1×8拍动作。

第3×8拍：

①—②身体向左倾倒压左旁腿，同时保持右臂姿态，右腰侧延伸拉长，眼看天花板。

③—④还原身体正直，左手抱腰，右臂上举位。

⑤—⑧重复①—④动作。

第4×8拍：

①—④右臂下落，左臂打开至芭蕾七位手。

⑤—⑧身体右转成半劈叉坐姿，同时双臂旁按手位，指尖点地。

第3组4×8拍：

第1×8拍：

①—④双手姿态保持，自头起身体向后卷曲，后倒压后腿。

⑤—⑧还原半劈叉坐姿。

第2×8拍：重复第1×8拍动作。

第3×8拍：重复第1×8拍动作，但动作节奏加快一倍，压两次后腿。

第4×8拍：

①—④身体左转180°，面对7点方向成直膝并腿坐，同时双臂旁按手位，指尖点地，平视前方。

⑤—⑧双臂上举至芭蕾三位手。

第4组4×8拍：

第1×8拍：

①—④双手保持三位手，身体向前俯身压正前腿，同时身体塌腰挺胸，手臂延伸拉长。

⑤—⑧上体正直，还原双臂上举至芭蕾三位手动作。

第2×8拍：重复第1×8拍动作。

第3×8拍：重复第1×8拍动作，但动作节奏加快一倍，压两次正腿。

第4×8拍：

①—④身体向后倒成仰卧，同时双臂上举位贴地。

⑤—⑧身体滚地左转成俯卧，接着双臂放于胸部两侧，头部平行于地面。

第5组4×8拍：

第1×8拍：

①—⑧做向后推地弯腰动作。

第2×8拍：

①—⑧还原俯卧，双臂放于胸部两侧，头部平行于地面。

第3×8拍：做向后推地弯腰单腿接环动作。

第4×8拍：

①—④俯卧，双臂伸直上举位贴地；⑤—⑧身体右转滚地成仰卧。

间奏音乐5×8拍：

第1×8拍：

双臂贴地打开至侧平举位，手心朝下。

第2×8拍：

①—④双臂离地，直臂上举，双手心相对而贴；

⑤—⑧还原手臂侧平举位，手心朝下贴地。

第3×8拍：

①—④肩臂压地而起挑胸腰；⑤—⑧还原仰卧。

第4×8拍：

①—④肩臂压地而起挑胸腰成直膝并腿坐姿；⑤—⑧双脚回收成双吸腿坐姿。

第5×8拍：

①—④双脚尖点地向右碎点地臀转90度，面向正前方向；

⑤—⑧双臂上举成三位手，同时成左腿在前，右腿在旁的分腿坐姿。

第6组4×8拍：重复第1组4×8拍动作，但动作对称。

第7组4×8拍：重复第2组4×8拍动作，但动作对称。

第8组4×8拍：重复第3组4×8拍动作，但动作对称。

结束句1×8拍：

①—④身体右转成双吸腿坐姿，面对1点方向稍低头。

⑤—⑧身体继续右转对2点方向，同时成右脚在前的半劈叉坐姿，左手伸向2点斜上方，右手于体后，指尖点地，随音乐减弱回头挑胸腰看1点，结束。

4．练习要求

（1）压正腿时切记不要含胸驼背，要挺胸塌腰，后背拉长。

（2）压旁腿时肩与胸要展开，主动用后肩胛骨去找所压腿的膝盖骨。

（3）压后腿时用头顶部带动身体向后卷倒，切记不要耸肩；起身时，头部留在后面，切记头部主动。

5. 教学提示

先做单一的压腿训练和推地弯腰、挑胸腰训练,然后再做动作连接训练,最后合音乐练习。

(六)幼儿舞蹈基本舞步训练

舞步在舞蹈的表现中起连接动作的作用,是具有表现力的肢体动态,因此是幼儿舞蹈训练体系中的重要内容之一。依据平时的实践和统计,幼儿常用舞步约有25种,分为走步类、跳步类和跑跳类。幼儿舞步简单实用,节奏感强。我们应针对幼儿在舞蹈表现过程中常用的步伐,进行有目的的训练,以提高幼儿的动作协调性、灵活性及动作的节奏感。此项内容将在本章第二节进行详述与实践。

(七)幼儿舞蹈基本动作训练

幼儿舞蹈基本动作是指在幼儿舞蹈活动中常用的、具有舞蹈规范要求的肢体动作。幼儿舞蹈训练就是从最基本的动作开始的。它包括:幼儿舞蹈基本手型、手位;幼儿舞蹈基本脚型、脚位;幼儿模仿动物类、植物类和自然类各种事物的常用动作。通过模仿性学习来培养幼儿的舞蹈学习兴趣。这是幼儿舞蹈学习的重点部分。本重点将在第三章第二节做重点阐述与实践操作。

(八)幼儿舞蹈组合训练

组合即动作组合。动作组合是指两个以上的动作串联在一起,形成一组新的动作。它包括最简单的、性质单纯的动作连接,也包括最复杂的、各种不同性质的动作组合。它是用来达到某种训练目的或是表现一段舞蹈思想内容的手段。

幼儿舞蹈组合训练,就是针对幼儿的身心需要和舞蹈能力需要所开发的系列课程内容。如方位训练组合、节奏训练组合、步伐训练组合、舞姿训练组合以及素质训练组合等。它是在学习舞蹈基本动作的基础上进行的衍生训练和拓展训练,通过组合训练,能更好地发展幼儿的肢体表达能力和音乐感受能力以及舞蹈表演能力。这也是幼儿舞蹈学习的重点部分。本重点将在第三章第二节做重点阐述与实践操作。

(九)幼儿舞蹈作品排练

为了丰富幼儿园文化艺术生活,让幼儿能通过舞台表演的形式提高审美情趣和艺术表现力,同时配合幼儿园大型活动的开展,如"六一"晚会、迎新年晚会等活动,幼儿园开设了舞蹈作品排练与展演课程,使舞蹈艺术教育得到更好的普及和推广。幼儿舞蹈作品排练是舞蹈训练体系中不可或缺的重要环节,是幼儿园艺术教育成果的汇报与展示之显性体现。

总之，幼儿舞蹈基本训练体系，以年龄为标志，把幼儿分为三个阶段：3～4岁，4～5岁，5～6岁。在幼儿的这三个阶段舞蹈学习中，不同的年龄层次有不同的目标和要求。这方面的内容将在后面的章节进行详述。

第二节 幼儿舞蹈常用动作与基本舞步

由于幼儿具有直观形象性的思维特点，所以，幼儿对事物的理解和对生活的认识，往往是通过模仿直观、具体的形象开始的。例如，用"剪刀手"放于头上，双腿屈膝向前蹦跳，模仿兔子活泼可爱的形象；又如，手腕相靠，手心向上托起，象征"花儿开放"等。幼儿舞蹈常用的动作、舞姿和基本舞步来自幼儿的生活与学习。它包括：幼儿舞蹈基本手型、脚型；幼儿舞蹈基本手位、脚位；幼儿舞蹈基本舞姿动作、动态和幼儿舞蹈基本舞步。

幼儿舞蹈在基本动作、基本舞姿和基本舞步等方面与成人舞蹈有着明显的区别。它是根据幼儿的生理、心理特点，在幼儿生活中进行提炼而成，并以通俗易懂的词语命名，以适合幼儿用肢体动作来表达思想和情感。以儿歌（顺口溜）助记动作，可以增强练习的趣味性。

一、幼儿舞蹈基本手型和脚型

（一）基本手型

（1）兰花手<女孩>，如图3-2-1所示。
（2）掌：并指掌，如图3-2-2（a）所示；虎口掌<男孩>，如图3-2-2（b）所示。

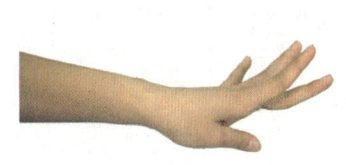

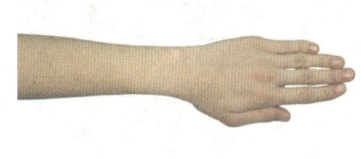

图3-2-1 兰花手（女孩）

图3-2-2
（a）并掌；（b）虎口掌（男孩）

（3）五指开，如图3-2-3所示。
（4）拳：男孩实心拳，如图3-2-4（a）所示；女孩空心拳，如图3-2-4（b）所示。

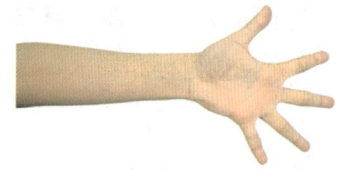

图3-2-3　五指开（扩指）

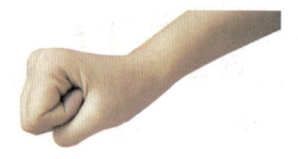

（a）

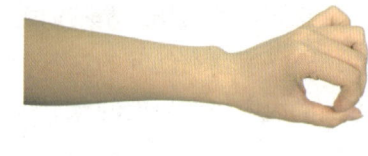

（b）

图3-2-4
（a）实心拳（男孩）；（b）空心拳（女孩）

（5）单指，如图3-2-5所示。
（6）拇指，如图3-2-6所示。
（7）"剪刀手"，如图3-2-7所示。

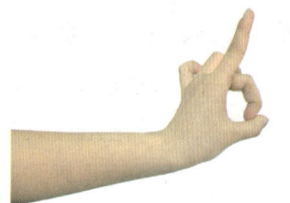

图3-2-5　单指

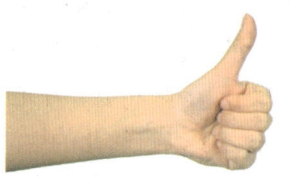

图3-2-6　拇指

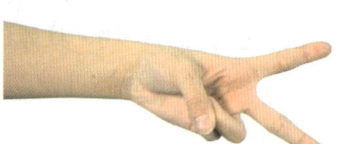

图3-2-7　"剪刀手"

（8）"枪手"，如图3-2-8所示。
（9）"牛角手"，如图3-2-9（a）（b）所示。

图3-2-8　"枪手"

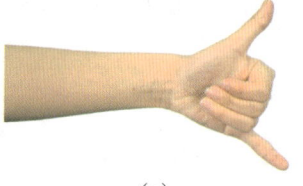

（a）

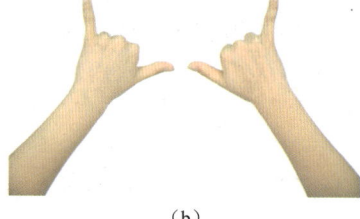

（b）

图3-2-9
（a）"牛角手"（单手）；（b）"牛角手"（双手）

（10）"羊角手"，如图3-2-10所示。

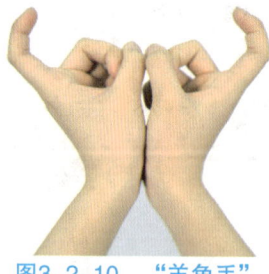

图3-2-10　"羊角手"

（二）基本脚型

（1）勾脚，如图3-2-11所示。

（2）绷脚，如图3-2-12所示。

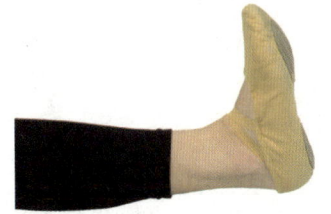
图3-2-11　单勾脚

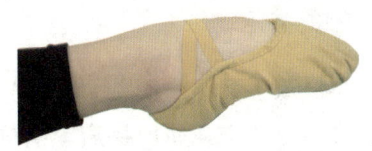
图3-2-12　单绷脚

（三）幼儿常用手型练习

1. 训练目的

通过本组合学习，使学生掌握幼儿舞蹈中常用的手型动作，在音乐的伴奏下进行有趣味性的练习，加强动作记忆。

2. 组合音乐

曲六，《葫芦娃》。

3. 动作说明（参见视频3-2-1）

《幼儿舞蹈常用手型训练》顺口溜：

来来来，来来来，盘着腿儿坐下来，
挺着胸儿抬起头，并指掌呀五指开；
女孩学习兰花手，男孩四指并虎口，
剪刀手、牛角手，打个电话学问候。
拇指食指伸出来，我是神气小枪手（图3-2-13），
砰砰砰，砰砰砰，个个都是神枪手！
女孩单指俏模样，羊角咩咩指弯弯，
拇指夸你又夸我，男孩剑指英雄汉。
挺着胸儿抬起头，再把手型秀一秀！
女孩手呀兰花手，男孩四指并虎口；
剪刀手呀变小兔，牛角手是六六六！
羊角咩咩指弯弯，单指伸直才好看，
小小手儿真灵活，看谁做得最——漂——亮！

视频3-2-1

图3-2-13　"双枪手"

4. 练习要求

（1）动作幅度尽量放大。

（2）具有儿童化的表情。

5. 教学提示

先让学生全面熟悉常用的幼儿舞蹈手型，再分段学习组合。建议分三段进行学习。

二、幼儿舞蹈基本手位

（一）手位介绍

（1）一位：双手叉腰，简称"叉腰"（图3-2-14）。

（2）二位：双臂交叉屈肘搭肩，简称"搭肩"（图3-2-15）。

（3）三位：双手腕相靠于胸前，手心向上托起下巴，简称"花儿"（图3-2-16）。

图3-2-14　幼儿一位手（叉腰）　　图3-2-15　幼儿二位手（搭肩）　　图3-2-16　幼儿三位手（花儿）

（4）四位：双手背于腰后，简称"背手"（图3-2-17）。

（5）五位：单臂或双臂上举，手心向前或相对，简称"招手"（图3-2-18）。

（6）六位：双臂屈肘，双手分别放于肩部，手指点肩，简称"背包"（图3-2-19）。

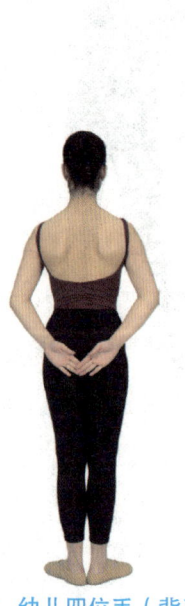  

图3-2-17　幼儿四位手（背手）　　图3-2-18　幼儿五位手（招手）　　图3-2-19　幼儿六位手（背包）

（7）七位：两臂侧平举，可上下波浪舞动，简称"侧举"（图3-2-20）。

（8）八位：两手食指与食指、拇指与拇指相对，形成"心"形，简称"爱心"[图3-2-21]。

图3-2-20　幼儿七位手（展翅）　　　　图3-2-21　幼儿八位手（爱心）

（9）九位：双臂伸直按于体侧两旁，手心朝下，似提裙状，简称"提裙"（图3-2-22）。

（10）十位：双臂伸直斜上举，手心相对，简称"斜托"（图3-2-23）。

图3-2-22　幼儿九位手（提裙）　　　　图3-2-23　幼儿十位手（斜托）

（二）幼儿舞蹈手位训练组合

（1）动作说明（参见视频3-2-2）。

(2)《幼儿舞蹈手位训练》顺口溜：

一位"叉腰"真神气，二位"搭肩"想休息；
三位"花儿"胸前放，四位"背手"猜猜看。
五位"招手"找朋友，六位"背包"学校走；
七位"展翅"像雄鹰，八位"爱心"放胯旁。
九位"提裙"旁按手，十位"斜托"天蓝蓝！

视频3-2-2

1. 训练目的

巩固幼儿舞蹈常用手位动作，加深对动作的印象；培养幼儿创新思维能力和动作运用能力；提高动作协调性。

2. 组合音乐

曲七，《国旗多美丽》。

3. 动作发展

一位"叉腰"真神气，"叉腰"左右移一移；
二位"搭肩"肘抬平，"合十"睡觉静一静。
三位"花儿"胸前放，"花儿"朵朵向太阳；
四位"背手"猜猜看，"背手"就是不让看。
五位"招手"找朋友，"招手"上举摆摆手；
六位"背包"学校走，"背包"上学走呀走。
七位"展翅"像雄鹰，"展翅"高飞乐开怀！
八位"爱心"胯旁放，"爱心"也能头上摆（图3-2-24）。
九位"提裙"旁按手，"提裙"转转扭一扭；
十位"斜托"天蓝蓝，"斜托"展臂要抬头！

4. 练习要求

（1）动作幅度尽量放大。
（2）表情儿童化。

5. 教学提示

（1）一边学习动作一边念幼儿手位顺口溜，既增强动作记忆又活跃课堂气氛；同时，注意最后一句的节奏要放慢。

（2）当让学生学会组合后，请出一位学生做领头，带领集体练习。领头者做一个手位动作，集体随之模仿，并且以顺口溜的形式，领一句（做一个动作），跟一句（跟做一遍），边念边做。这样既可以提高学生的练习兴趣，也可以培养学生组织教学的能力。

图3-2-24 幼儿八位手（爱心）

（3）在针对幼儿实施教学时，要分2～3次课进行学习，即四句或六句分段学习；

可进行一问一答式练习。例如：（老师）：一位"叉腰"真神气——（幼儿）："叉腰"左右移一移。也可以让学生互相之间"一对一"式地进行练习，以增强练习的互动感和趣味性。

三、幼儿舞蹈基本脚位

（一）脚位介绍

（1）正步位（图3-2-25）。
（2）小八字位（图3-2-26）。
（3）大八字位（图3-2-27）。
（4）丁字位（图3-2-28）。

图3-2-25　正步位

图3-2-26　小八字位
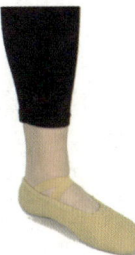
图3-2-27　大八字位
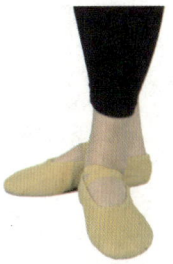
图3-2-28　丁字位

（5）踏步位（图3-2-29）。
（6）正弓步位（图3-2-30）。
（7）侧弓步位（图3-2-31）。

图3-2-29　踏步位

图3-2-30　正弓步位

图3-2-31　侧弓步位

（8）前点位（图3-2-32）。

(9)旁点位（图3-2-33）。

(10)后点位（图3-2-34）。

图3-2-32 前点位

图3-2-33 旁点位

图3-2-34 后点位

（二）幼儿舞蹈脚位训练组合

1. 训练目的

巩固幼儿舞蹈常用手位动作，加深对动作的印象；培养学生创新思维能力和动作运用能力；提高动作协调性。

2. 组合音乐

曲八，《光荣少年》。

3. 动作说明（参见视频3-2-3）

视频3-2-3

《幼儿舞蹈脚位训练》顺口溜：

正步两脚并并好，脚尖分开八字脚；
小八字脚后跟紧，大八字脚要分开；
与肩同宽脚外开，挺胸站好身不歪。
丁步脚跟挨脚心，左脚向后踏步来。
重心前后移一移，左转弓步后绷腿，
左右弓步换一换，侧弓步来舞姿美。
大八字位身体正，前点直膝绷脚背，
旁点脚跟要抬高，后点展臂大雁飞。
半蹲收成丁字位，右脚再做前点位，
旁点直膝绷好脚，后点收回丁字位。

4. 练习要求

（1）动作时注意上体正直，重心稳定。

（2）练习时注意精气神的展现。

5. 教学提示

先学习单一的脚位动作，再进行组合动作学习。

四、幼儿舞蹈基本舞姿动作与动态

（一）生活类舞姿动作与动态

（1）"宝宝睡"：坐在板凳上双臂交叉搭肩，头向肩侧倾靠，做睡觉状［图3-2-35（a）］；或者正步位半蹲，双手合十，放于脸侧，头偏向一侧，闭眼［图3-2-35（b）］。

（2）"娃娃乐"：正步位，双手单指手型，两手分别指在脸颊外侧，头偏向一侧（图3-2-36）。

（a） （b）

图3-2-35 图3-2-36 "娃娃乐"

（a）"宝宝睡"（交叉搭肩）；（b）"宝宝睡"（双手合十）

（3）"开开心"：旁点步，双臂屈肘放于胸前，双手兰花指，手心朝里，双肘抬平（图3-2-37）。

（4）"想一想"：大八字脚位，向侧屈胯，双手以"单指"手型放于头上，手心朝上，头向屈胯的方向侧屈头（图3-2-38）。

（5）"点点头"：正步位，双手叉腰，头部向下方屈颈低头，接着回弹还原。可以一拍一次，也可以一拍两次。

（6）"摆摆腕"：正步位或大八字位，左右摆胯，一手叉腰，另一手在身体正前方做直臂摆动手腕，五指张开的手型，手心朝前；或双手在体前平举摆动手腕（图3-2-39）。

图3-2-37　"开开心"　　　　图3-2-38　"想一想"　　　　图3-2-39　"摆摆腕"

（7）"屈摆手"：正步位或大八字位，左右摆胯，一手叉腰，另一手在肩侧做屈伸摆动。或双手交替在肩侧做屈伸摆动（图3-2-40）。

（8）"招招手"：正步位或大八字位，双臂上举，手心朝前，然后手掌弹性下压，手心向下，弹性还原手心向前。反复做这个"手点头"动作。

（9）"扭扭胯"：正步位或大八字位站立，上体正直，双手叉腰。胯部左右扭摆，双膝盖交替屈伸，配合摆动。注意：胯左摆时右膝弯曲，胯右摆时左膝弯曲。如此交替反复。

（10）"跺跺脚"：正步位，主力腿支撑身体重心，动力腿全脚掌在主力腿旁跺踏地面，踏地有声。双手叉腰或运用幼儿常用的其他手位配合练习（图3-2-41）。

图3-2-40　"屈摆手"　　　　　　　　图3-2-41　"跺跺脚"

（二）幼儿常用舞姿动态组合

1. 训练目的

巩固幼儿舞蹈常用舞姿与动态动作，培养学生的模仿能力，提高其动作协调性以及动作的表现能力。

2. 组合音乐

曲九，《哆来咪》。

3. 动作说明（参见视频3-2-4）

《幼儿舞姿动态训练》顺口溜：
我是快乐的小宝宝，"开开心"心上学校；
"点点头"，有礼貌，我向老师问个好！
"扭扭胯""摆摆腕"，我把问题"想一想"；
幼儿园里朋友多，"娃娃乐"呀乐呵呵；
"跺跺脚"，扭扭腰，我们一起把舞跳！
双臂向上"招招手"，好像树儿在点头；
摆摆头，"屈摆手"，快乐动作秀一秀！
舞蹈伴我很开心，"宝宝睡"觉真——安——静！

视频3-2-4

视频3-2-5

（三）模仿动物类舞姿动作与动态（参见视频3-2-5）

（1）"小鸟飞"：双脚正步位踮起做原地小碎步，双臂于身体两侧上下波浪摆动；或在行进间小跑，双手斜后下举，体前倾，手掌快速"扑打"着摆动小翅膀。

（2）"小鸭嘎"：双腿屈膝并步，双手掌上下相叠，形成鸭子的嘴型状态（图3-2-42）；或双腿屈膝大八字半蹲，双手旁按手位，重心左右摇摆。

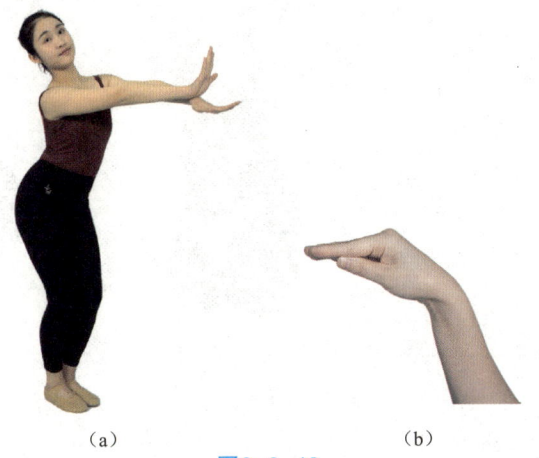

图3-2-42
（a）小鸭嘴型（双手）；（b）小鸭嘴型（单手）

（3）"小猫喵"：双腿跪，体稍前倾，双臂屈肘、双手五指张开放于脸前，模仿小猫胡须的形态［图3-2-43（a）］；或者双腿前后分开跪坐，一腿屈膝后翘，体稍前倾，双臂屈肘于胸前，双臂上下错开，两手前后放置，同时双手五指呈猫爪形状，模仿小猫的形态［图3-2-43（b）］。

图3-2-43

（a）"小猫喵"（扩指手型）；（b）"小猫喵"（猫爪手型）

（4）"小兔乖"：正步位双腿屈膝，双手用"剪刀手"放于头上，做连续的蹦跳，模仿小兔跳的形态；或者双腿屈膝跪坐，双手用"剪刀手"放于头上，双手上下摆动，模仿小兔的耳朵长又长（图3-2-44）。

（5）"小羊咩"：双腿屈膝跪地或半蹲，双手用"羊角手"放于头上，象征羊角，模仿小羊的形态（图3-2-45）；或保持"羊角手"姿态在行进间走动或跑动。

（6）"青蛙呱"：双腿屈膝大八字半蹲蹦跳，双手用"五指张"手型放于肩侧，模仿小青蛙的形态和动态（图3-2-46）。

图3-2-44 "小兔乖"

图3-2-45 "小羊咩"

图3-2-46 "青蛙呱"

（7）"小牛哞"：双手用"牛角手"放于头上，象征牛角，模仿小牛的形态；双脚大八字位，双腿直膝体前倾［图3-2-47（a）］，或屈膝半蹲，保持"牛角手"，似在行进间走动［图3-2-47（b）］。

（8）"狐狸走"：正步位半蹲，体前倾，左手五指伸直撮起，放在嘴前，右臂放在身后做尾巴。慢步、轻轻地向前走时，身体左右扭动，眼睛左右张望，以示狐狸的狡猾（图3-2-48）。

（a）　　　　　　　　　（b）

图3-2-47　　　　　　　　　　　　　　图3-2-48　"狐狸走"

（a）"小牛哞"（直膝前倾）；（b）"小牛哞"（屈膝半蹲）

（9）"鱼儿游"：正步位半蹲，双手上下重叠，拇指张开似"鱼鳍"，指尖朝前，手腕带动手掌左右摆动，似"鱼儿"在水中游动［图3-2-49（a）］；或者手臂一前一后，屈肘立掌，前手小指一侧朝下，后手拇指一侧朝下［图3-2-49（b）］，可用小碎步或圆场步在行进间移动，双臂左右柔波摆动。

（a）　　　　　　　　　（b）

图3-2-49

（a）"鱼儿游"（鱼鳍游摆）；（b）"鱼儿游"（鱼尾游摆）

（10）"小鸡叽"：一腿为主力腿，另一腿前伸勾脚点地，双臂屈肘，自然垂肘，双手中指、无名指、小指屈指捏紧，食指、拇指伸直，拇指外侧相靠，食指指腹贴紧，放于胸前，小臂在胸前小幅度屈伸，同时手腕配合，压指挑指，似小鸡啄米的样子。可碎步进行练习，也可踵步交替进行练习（图3-2-50）。

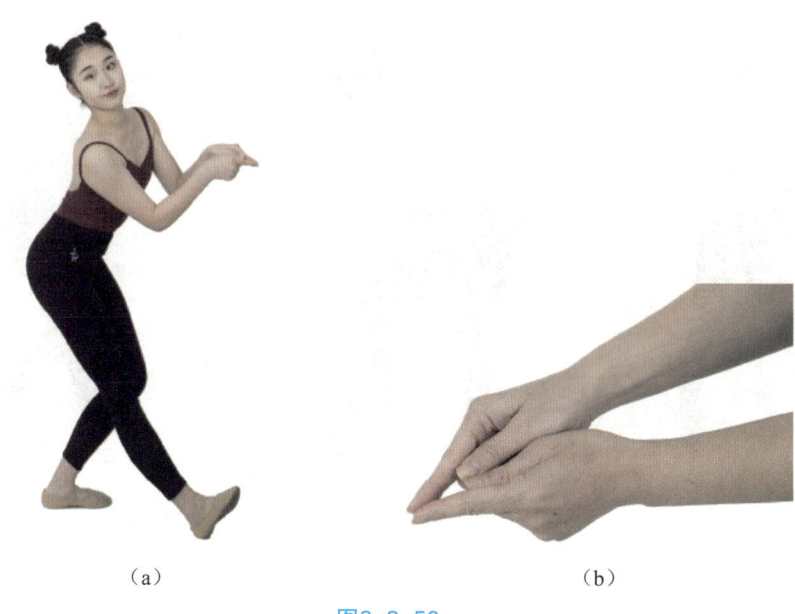

图3-2-50
（a）"小鸡叽"（嘴型一）；（b）"小鸡叽"（嘴型二）

（11）"老鼠吱"：双腿半蹲或并立，双臂屈肘，自然垂肘、双手中指、无名指、小指屈指捏紧，食指、拇指伸直，两手相靠，两食指贴紧，指尖下压或朝前，屈腕于胸前，身体稍前倾。可碎步进行练习（图3-2-51）。

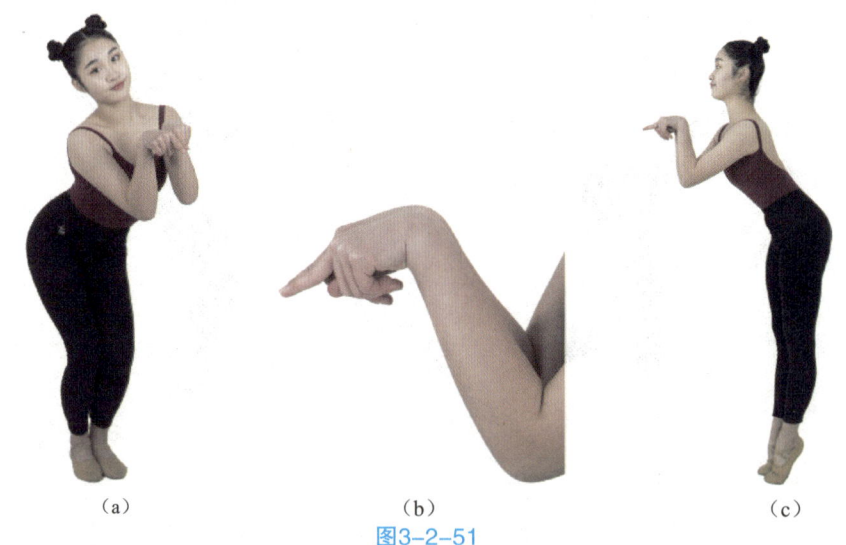

图3-2-51
（a）"老鼠吱"（半蹲舞姿）；（b）"老鼠吱"（嘴型）；（c）"老鼠吱"（立脚尖舞姿）

（12）"小猴淘"：小猴的典型舞姿形态是单腿支撑重心，一腿高抬吸腿，双臂屈于胸前，一只手小臂外旋，另一只手托住其肘关节处，外旋的手五指并、曲腕、窝掌心放于头或额前做"眺望"状（图3-2-52）。猴子常有的动态还有双手快速地在身上"挠痒"以及单起单落的蹦跳等，机灵活泼、调皮可爱。

第三章 幼儿舞蹈基础

图3-2-52 "小猴淘"

（四）模仿自然类舞姿动作与动态

（1）"小苗儿"：正步位直立或双腿跪立，上体正直，双手手心相对，十指尖儿相靠，放于头部上方，可"随风"左右摆动（图3-2-53）。

（2）"大树儿"：正步位双腿直立或者跪坐，上体正直，双手放于双斜托位，五指张开手型，手心朝前（图3-2-54）。

图3-2-53 "小苗儿"

（a） （b）

图3-2-54
（a）"大树儿"（站姿）；（b）"大树儿"（跪姿）

（3）"花儿开"：双手兰花手型，手腕相靠于胸前，手心向上托起，由胸前向上举起，然后分开至斜上举，手心向内。

（4）"太阳公公"：丁字位双腿直立，上体正直，双手放于头顶斜前上方，两手相距大于肩宽，手型为"枪手"，虎口相对，手心朝前，眼看上方（图3-2-55）。

（5）"月亮婆婆"：丁字位双腿直立，上体正直，双手放于头顶斜前上方，两手相距略宽于头，手型为"枪手"，虎口相对，手心朝前，眼看上方（图3-2-56）。

图3-2-55　"太阳公公"

图3-2-56　"月亮婆婆"

五、幼儿舞蹈基本舞步

幼儿基本舞步是根据幼儿动作发展的一般规律总结出来的。随着我国幼儿舞蹈的研究与发展，根据幼儿生理与心理特点，我们将幼儿舞蹈实际常用的步伐和幼儿舞步学习所适合的年龄层次进行归纳，得到小班常用舞步、中班常用舞步和大班常用舞步。

（一）小班常用舞步（参见视频3-2-6）

小班（3~4岁）年龄的舞蹈活动依然是以大肌肉的动作加上简单的步伐为主。这个阶段幼儿的身体和手的基本动作相对较为自如，能够掌握各种大肢体动作和部分精细动作，喜欢模仿，比如自然的走、跑以及简单的跳。

视频3-2-6

（1）走步：动作节奏基本上是2拍子和4拍子音乐。走步有时也用在不同的节奏里。走步时手臂可前后交替或左右横摆。根据走步的方法、节奏、方向、速度不同，可表现出不同人物和不同情绪，如自然走、高抬腿走、立半脚掌走、正步走、小矮人走等。

（2）小碎步：动作节奏较为灵活。可以是2拍子和4拍子音乐，也可以运用到3拍子音乐中。正步位踮脚准备，用脚掌着地交替快速地移动。腿部不要僵直，膝关节微微弯曲，舞步碎小，上身平稳不跳动。训练时可结合舞蹈的需要和情感表达的要求，配合上肢和身体动作练习。如模仿小鸟飞、飞机飞等。

（3）并点步：动作节奏是2拍子音乐。正步站立，双手叉腰准备。左脚向旁踏地，右脚的脚前掌并于左脚内侧点地，同时双膝盖弯曲。可两脚交换连续做重复动作。

（4）平踏步：动作节奏基本上是2拍子和4拍子。正步站立，双手叉腰准备。每步落地时全脚着地，踏地有声。可单腿连续踏地，也可两脚交替踏地。

（5）小跑步：动作节奏较为灵活。可以是2拍子和4拍子，也可以在3拍子音乐中运用。正步站立，双手叉腰，身体稍前倾准备。动作时两腿交替提膝，脚尖自然下垂，前脚掌落地，给人以轻盈之感，上身重心平稳，步子有弹性。

（6）钟摆步：有两种做法。动作节奏基本上是2拍子音乐。

第一种做法：大八字站立，双手旁按手或叉腰准备。第1拍，重心移到左脚，同时身体向左侧倾斜，右腿与整个身体形成一条直线，左脚背绷平；第2拍，保持倾斜体态；第3拍，重心移到右脚，同时身体向右侧倾斜，左腿与整个身体形成一条直线，右脚背绷平；第4拍，保持倾斜体态。如此反复，似时钟的秒针左右来回摆动。

第二种做法：大八字位站立，双手旁按手准备。动作和第一种做法基本相同，只是勾脚进行。

（7）踵步：动作节奏基本上是2拍子音乐。正步站立，双手叉腰准备。第1拍，右脚跟向前方伸出着地，左腿屈膝，身体稍向前倾，踏腰挺胸；第2拍，右脚收回还原。也可以向旁做踵步，向旁做时，身体向出脚的方向倾斜。

（二）中班常用舞步（含小班常用舞步）（参见视频3-2-7）

视频3-2-7

中班（4~5岁）的孩子，舞蹈活动的时间适当加长，题材选择更加广泛，动作变化更为丰富，这样可以更好地训练孩子身体的灵活性和记忆能力。随着孩子身心的发展与需求，肢体动作略微精细化。舞步随之丰富，动作力度有所加大，特别是跳的能力有所加强。

（1）垫步：动作节奏基本上是2拍子音乐。2拍完成一个舞步。正步站立，双手叉腰准备。动作时，抢半拍双腿稍屈膝，右腿屈膝，脚掌离地略抬起，第1拍，右脚踏地后重心向上提，左腿直膝，脚略抬起；第2拍，左脚落地屈膝，同时右腿屈膝，脚略抬起。如此反复。垫步也可在踏步位上进行练习，动作要领相同。此舞步具有维吾尔族舞蹈特点，所以它常被运用于维吾尔族儿童舞蹈中。

（2）踏点步：动作节奏基本上是2拍子音乐。2拍完成一个舞步。正步站立，双手叉腰准备。第1拍，左脚向左或向前踏一步；第2拍，右脚前脚掌在左脚跟后点地，两腿同时屈伸。右脚动作同左脚，方向相反。

（3）踏跕步：与垫步动作相似，但重拍向下，且1拍完成一个舞步。正步站立，双手叉腰准备。动作时，抢半拍右腿稍屈膝，左腿直膝，右脚掌离地略抬起，第1拍，前半拍，右脚踏地，屈膝重心向下，同时左腿屈膝，左脚离地抬起；后半拍左脚落地跕脚，左膝微屈，同时右脚略抬起离地。如此反复。此舞步常运用于藏族儿童舞蹈中。

（4）进退步：动作节奏基本上是2拍子音乐。正步站立，双手叉腰准备。第1拍，前半拍右脚向前上一步，身体重心移至右脚，同时左脚离地；后半拍左脚掌落地，身体重心移至左脚，同时右脚离地。第2拍，前半拍右脚后撤一步，身体重心移至右脚，同时左脚离地；后半拍左脚落地，同时右脚离地准备起新的一步。此舞步具有典型的维吾尔族舞蹈动作特点，因此进退步常运用于维吾尔族儿童舞蹈中。

（5）踵趾步：动作节奏基本上是2拍子音乐，也可以是4拍子音乐。两种做法。

第一种，以右脚为例。面对8点，小八字步站立，双手叉腰准备。第1拍，右脚勾脚向8点伸出，脚跟（踵）着地，左腿屈膝，身体向右后倾斜；第2拍，保持姿态；第3拍，右脚尖后点地，左腿直膝，身体向左前倾斜；第4拍，保持姿态。也可以在1点和5点做踵趾步。

第二种，以右脚为例。面对8点，小八字步站立，双手叉腰准备。第1拍，前半拍双腿屈膝，右脚离地，后半拍，右脚勾脚向8点伸出，脚跟（踵）着地，左腿屈膝，身体向右后倾斜；第2拍，双腿屈膝，右脚离地；第3拍，右脚尖后点地，左腿直膝，身体向左前倾斜；第4拍，双腿屈膝，右脚离地。如此反复。注意重心上下起伏的同时，身体随步法后仰与前倾以及协调地拧身，也可以在1点和5点做踵趾步。

（6）踵趾小跳步：动作节奏基本上是4拍子音乐，也可以是2拍子音乐。正步位站立，双手叉腰准备。第1拍双脚跳起，左脚落地，右脚向旁（或向前）踵步落地；第2拍左脚跳起后落地，同时右脚尖落于左脚外侧（或向后）点地；第3拍，重复第1拍动作；第4拍，双脚跳起还原正步位。

（7）蹦跳步：动作节奏基本上是2拍子音乐。正步站立，双手叉腰准备。动作时双脚蹬地跳起，在空中双腿直立，然后双脚掌落地，同时双腿屈膝。一般是双起双落，有时根据孩子能力做单起双落或单起单落，后者在大班运用得更多。

（8）娃娃步：动作节奏基本上是2拍子音乐。小八字准备。第1拍，前半拍双腿屈膝，后半拍，左小腿旁踢起，头和身体向同侧倾倒，双手五指分开向左侧摆动（图3-2-57），掌心朝前，后半拍右脚落地直立，双臂收至体前；第2拍动作相同，左右方向相反。

（9）木偶步：动作节奏较为灵活。可以是2拍子和4拍子音乐，也可以在3拍子音乐中运用。正步位站立，双臂体侧屈肘，手心朝里，并指掌型。动作时直膝直腰，身体和脖颈梗直，手臂前后机械式摆动，迈步时先脚跟支撑身体重心，然后迅速向前移动重心，另一腿继续向前迈步。两脚交替向前行进，注意手臂的摆动幅度不要太大。

图3-2-57 娃娃步舞姿

（三）大班常用舞步（含小、中班常用舞步）（参见视频3-2-8）

大班（5~6岁）的孩子骨骼继续骨化，大肌肉比较发达，小肌肉群的发展更加迅速，脑发育显著加速，脑的机能也逐渐完善起来，对身体的控制力有显著提高，能较为协调、灵活地掌握复杂精细的动作。所以舞步的要求无论是在精细度上还是在节奏上就更高一些。有四二拍子节奏的动作，也有四三拍子、四四拍子节奏的动作。舞步内容更加丰富多彩。

视频3-2-8

（1）吸腿步：动作节奏基本上是2拍子音乐。面对8点，双手旁按手，小八字准备。以右脚为例，第1拍前半拍左脚向左前抬起离地，后半拍左脚前掌支撑地面，右腿高抬正吸腿，同时上身向右拧45°；第2拍还原准备姿态。可连续做，也可两腿交换做，并配合各种舞姿进行训练。可原地跳，也可行进间跳。

（2）吸跳步：动作节奏基本上是2拍子音乐。以右脚为例，双手叉腰，小八字准备。动作时前半拍右脚踏地跳起，同时左脚正吸，大腿抬平，脚面绷平；后半拍右脚落地。第2拍，左脚随即落地。左脚吸跳方法与右脚相同，只是左右相反，动作对称。可原地跳，也可行进间跳。

（3）交替步：有两种做法。动作节奏基本上是2拍子音乐，也可以是4拍子音乐。

第一种做法：交替步走。双手叉腰，小八字准备。第1拍，前半拍左脚向前一小步，重心移在左脚；后半拍右脚前脚掌在左脚跟后搓地，重心移到后脚，同时左脚离地。第2拍，前半拍左脚再向前一小步，重心移在左脚，后半拍停顿。右脚动作同左脚，方向相反。双臂可在六位手上交替摆动，或前后摆动，或左右摆动配合。

第二种做法：交替步跳。双手叉腰，小八字准备。第1拍，前半拍左脚向前一小步，轻轻向上跳起，后半拍右脚前脚掌在左脚跟后落地，重心移到后脚，同时左脚离地。第2拍，前半拍左脚再向前一小步，重心移在左脚，右脚前脚掌后点地，后半拍停顿。第3~4拍，重复第1~2拍动作，但换脚向前做对称动作。双臂可在六位手上交替摆动，或前后摆动，或左右摆动配合。

（4）波浪步：动作节奏是3拍子音乐。双手叉腰，正步准备。预备拍，右脚屈膝，左脚绷脚直膝前伸准备迈步。第1拍，左脚向前上一大步立半脚掌；第2拍，右脚继续向前上步立半脚掌，步伐稍小，左脚离地；第3拍，左脚并于右脚或继续向前一小步，全掌着地，膝盖弯曲。同时右脚向前伸出绷脚，准备做第二个波浪步。做波浪步时一定要注意第一步的起法。上步时有一种冲的力量，三拍为一个波浪步，体会第一个波浪步与第二个波浪步之间因重心移动而带来的自然起伏。

（5）秧歌十字步：动作节奏基本上是4拍子音乐。双手叉腰，正步准备。第1拍，左脚向2点迈一步，重心跟上。第2拍，右脚向1点上步，第3拍左脚向7点撤步，第4拍右脚撤回原位，身体重心移至右脚。双臂可在体前左右交替摆动，也可在肩侧交替屈摆。此舞步在汉族秧歌舞中常见。要特别注意每一步的落脚点。

（6）横追步：有两种做法。动作节奏基本上是2拍子音乐。

第一种：双手叉腰，正步准备。第一步右脚向旁移一步后微微跃起，第二步左脚紧跟其后向右脚落地微屈膝，右脚继续向旁侧移出一步，重复动作。

第二种：双手叉腰或双臂侧平举，正步准备。第一步右脚绷脚向右擦地迈出跃起，第二步左脚向右脚并步靠拢，同时双脚绷脚离地，接着左脚落地屈膝，右脚继续向旁擦地移出，再重复动作。

（7）跑跳步：动作节奏基本上是2拍子音乐。双手叉腰，正步准备。第1拍前半拍左脚向前迈一步原地小跳一次，同时右脚正吸腿抬起，后半拍右脚落地；第2拍重复第1拍动作，左右相反。

（8）踏踢步：动作节奏基本上是2拍子音乐，也可以是4拍子音乐。双手叉腰，正步准备。第1拍，左脚原地踏一步，同时屈膝；第2拍，左脚原地小跳一次，右脚绷脚踢出（也可勾脚踢出），同时，身体稍向右后倾斜；也可以走两步后接一个踏踢动作，称为三步一踢；还可以左右方向交替进行。三步一踢动作常用于圆圈集体舞中，在节庆的日子里，人们手拉手，载歌载舞。

（9）前踢步：动作节奏基本上是2拍子音乐，也可以是4拍子音乐。双手叉腰，小八字步准备。动作时双腿轮流向前绷直腿踢起，前踢时脚面要用力，身体略后仰，一拍两步。

（10）后踢步：动作节奏基本上是2拍子音乐，也可以是4拍子音乐。小八字步准备。动作时双小腿轮流向后踢起，脚踢至臀部，脚背绷平，身体略前倾，一拍两步。

（11）滑步：动作节奏基本上是2拍子音乐，也可以是4拍子音乐。双手叉腰，小八字步准备。第1拍，左脚向左侧擦地滑出成旁点，身体重心移至右脚，屈膝半蹲；第2拍，左脚收回，双腿直膝，身体重心上移；第3、4拍，右脚重复左脚的动作。此动作常结合碎步进行连接。

（12）退踏步：动作节奏基本上是2拍子音乐。双手叉腰，小八字步准备。以右脚为例。第1拍，前半拍，右脚向后退一步，脚前掌着地，重心在右脚；后半拍，左脚支撑，右脚离地。第2拍，右脚向前踏步，全掌着地，同时，左腿膝盖松弛随之颤动。

第三节　幼儿舞蹈常用动作与基本舞步组合案例

一、小班《小碎步》组合

1. 训练目的

通过碎步组合训练，加强学生脚踝的力量，增强其踝关节的灵活性；同时发展其动作的协调能力和培养其音乐节奏感。

2．音乐

曲十，《小鸟飞飞》。

3．动作说明

本组合由三组动作构成（参见视频3-3-1）。

前奏1×8拍：面对1点，小八字位站立，两臂旁按手提裙位。

视频3-3-1

第一组动作：

第1×8拍：面向1点做原地碎步，同时双臂做一次上下飞舞"飞翔"的动作。

第2×8拍：

①—④左脚向前做踵步，双手提裙手位，身体稍向前倾，挺胸抬头，塌腰翘臀，眼看1点（图3-3-1），然后收回正步直立，手位不变。

⑤—⑧出右脚向前踵步，重复前4拍动作。

第3×8拍：重复第一组动作的第1×8拍动作。

第4×8拍：重复第一组动作的第2×8拍动作。

第5×8拍：面向1点做原地碎步，同时双臂做一次上下飞舞"飞翔"的动作。

第6×8拍：

①—④左脚向左成旁踵步，同时双臂经上摆至左臂侧平举，右臂至胸前按掌位，同时眼看2点（图3-3-2）。

图3-3-1　前踵步　　　　　　图3-3-2　旁踵步（舞姿一）

⑤—⑧向右碎步移动重心，动作对称。

第7×8拍：重复第一组第5×8拍动作。

第8×8拍：重复第一组第6×8拍动作。但方向相反，动作对称。

第二组动作：

第1×8拍：向前碎步移动，同时双臂做上下飞舞"飞翔"的动作两次，眼看1点。

第2×8拍：重复第一组第2×8拍向前踵步动作。

第3×8拍：向后碎步移动，同时双臂做上下飞舞"飞翔"的动作两次，眼看1点。

第4×8拍：重复第二组第2×8拍动作。

第5×8拍：身向1点，眼看左侧，双手背后，向左碎步移动。

第6×8拍：

①—④双脚立踵，双手经旁上举，手背相靠。

⑤—⑧然后接右腿半蹲，左脚向左前踵步，双手经两旁上举，然后落于8点前下方"合翅"，眼看1点。

第7×8拍：重复第二组动作的第5×8拍动作。但方向相反，动作对称。

第8×8拍：重复第二组第6×8拍动作，但方向相反，动作对称。

第三组动作：

第1×8拍：双脚原地碎步，同时双臂做侧举位小波浪"飞翔"的动作两次。

第2×8拍：

①—④左脚向旁迈步成大八字位，重心移至左脚，同时左臂随之摆至侧平举，右臂摆至上举位，眼看2点。

⑤—⑧重心移至右脚，同时右臂随之摆至侧平举，左臂摆至上举位，眼看8点上方。

第3×8拍：双脚原地碎步，同时双臂做侧举位小波浪"飞翔"的动作两次。

第4×8拍：重复第三组第2×8拍动作，但方向相反，动作对称。

第5×8拍：做原地碎步，眼看右侧留头，同时双臂做侧举位小波浪"飞翔"的动作两次，边做边左转360°，回到1点。

第6×8拍：

①—④面朝8点，双立踵接并步半蹲，同时双臂经上举向后斜下位摆，眼看1点。

⑤—⑧保持舞姿，抖动手腕。

第7×8拍：做原地碎步，双臂做侧举位小波浪"飞翔"的动作两次，眼看左侧留头，边做边右转360°，回到1点。

第8×8拍：重复第三组第6×8拍动作，但方向相反，动作对称。

结束1×4拍（减慢渐弱）：自己选择一个小鸟的造型。

4．练习要求

（1）碎步的步伐动作要求碎而小。

（2）动作的连接要通过重心的变化，形成自然的起伏。

（3）带着儿童天真活泼的情绪进行训练，感受童趣和童乐。

5．教学提示

（1）可以将组合分成三部分，分步学习。

（2）结合歌词的内容进行组合的学习，有助于动作记忆。

（3）采取一对一的练习形式，相互学习，动作虽然简单，碎步却要规范。

二、中班《蹦跳步与踮步》组合

1. 训练目的

通过组合的学习,使学生熟练掌握踮步和蹦跳步的不同做法;学会蹦跳步、踮步在儿童舞蹈中的运用;培养学生动作的协调性和动作的节奏感。

2. 组合音乐

曲十一,《一起来跳舞》。

3. 动作说明(参见视频3-3-2)

视频3-3-2

前奏2×8拍:直立旁按手提裙位,后4拍,左右摆头四次。

第一段音乐:

第1×8拍:

①—④向左起,左右交替蹦跳步(双起双落)四次,1拍1动。

⑤—⑧双手于肩前击掌四次,头部随舞步左右摆动。

第2×8拍:

前4拍,①—②双手抱头,随胯左右摆动;③左脚旁踮步,同时左手叉腰,右手上举,五指开手型,向左弯腰(图3-3-3);④还原直立,右手保持上举。

后4拍,⑤右脚旁踮步,向右弯腰,同时,右臂右侧举,左臂上举位,两手腕转动一次;⑥还原直立,双手上举位腕转动一次;⑦—⑧重复⑤—⑥,但方向相反,动作对称。

第3×8拍:

①—④左右交替蹦跳步(单起单落)四次,1拍1动。

⑤—⑧双手于肩前击掌四次,头部随舞步左右摆动。

图3-3-3 旁踮步(舞姿二)

第4×8拍:

前4拍,①—②左脚向左一步,同时双臂上举,与肩同宽,五指张开,手心向前,然后右脚并于左脚踩步,同时双手屈肘下落于胸前,手心朝里握拳;③—④重复①—②动作,但方向相反,动作对称。

⑤—⑧左右交替蹦跳步(单起单落)四次,同时双臂在肩侧与侧平举位交替摆动,头部随之摆动。1拍1动。

间奏音乐2×8拍:"提裙"位向左碎步转一圈,然后向右碎步转一圈。

第二段音乐:

第1×8拍:

前4拍,①—②向右起,蹦跳步接左踮步(双起单落接单起双落),2拍一次;③—④重复①—②动作,但方向相反,动作对称。

⑤—⑧重复前4拍动作。

第2×8拍：

前4拍，①—②双手抱头，随胯左右摆动；③左脚旁踵步，同时左手叉腰，右手上举，向左弯腰；④还原直立，右手保持上举。

后4拍，⑤右脚旁踵步，向右弯腰，同时，右臂右侧举，左臂上举位，两手腕转动一次；⑥还原直立，双手上举位，腕转动一次；⑦—⑧重复⑤—⑥，但方向相反，动作对称。

第3×8拍：

①—④左右交替蹦跳步（单起单落）四次，1拍1动。

⑤—⑧双手于肩前击掌四次，头部随舞步左右摆动。

第4×8拍：

①—②左脚向左一步，同时双臂上举，与肩同宽，五指张开，手心向前，然后右脚并于左脚踩步，同时双手屈肘下落于胸前，手心朝里握拳；③—④重复①—②动作，但方向相反，动作对称。

⑤—⑧保持握拳姿势，向左连续蹦跳5次接左踵步旁腰，同时左臂左侧举，右臂上举，转动手腕一次。

尾奏音乐2×8拍：前1×8拍，①—⑥双臂上举扩指抖手，向右碎步转一圈；⑦—⑧左脚向左踵步，同时双手至旁按手；后1×8拍，重复前1×8拍动作，但方向相反，动作对称。

4. 练习要求

（1）双起单落接单起双落时，注意动作的起步与收步。

（2）踵步时注意挺胸踏腰和上肢的舞感。

5. 教学提示

先学习单一舞步，再进行动作连接，最后合音乐练习。

三、大班《蹦跳步与后踢步组合》

1. 训练目的

学会蹦跳步与后踢步，发展舞步动作能力以及上下肢动作的协调性；培养音乐和动作的节奏感；体验舞蹈带来的愉快情感。

2. 组合音乐

曲十二，《多愉快》。

3. 动作说明（参见视频3-3-3）

前奏1×8拍＋1×4拍：直立旁按手，后4拍，左右摆头两次。

第一段音乐：

第1×4拍＋1×2拍：

前4拍，①双臂经体侧平举打开，右臂屈肘，右手放于右脸侧，手心朝外，似唱歌

视频3-3-3

的样子（图3-3-4）；②右臂还原体侧平举，同时左臂屈肘，左手放于左脸侧，手心朝外，似唱歌的样子；③重复①的动作；④保持③的动作。后2拍，双手于右肩前击掌两次，眼看左侧。

第2×4拍+1×2拍：

前4拍，①—③双臂"提裙"位，左、右、左连续蹦跳步（单起单落）三次；④停一拍；后2拍，双手于左肩前击掌两次，眼看右侧。

第3×8拍+1×4拍：

①—⑧右脚起步，向前做后踢步八次，双臂经体前下落经侧上举至"双托"手位，手心朝下；步伐不停，向后做后踢步七次，同时双臂经体侧下落至"提裙"手位，手心朝下。后4拍，左脚于右脚内侧旁跺脚五次（节奏为：××××× ｜），眼看左侧。

图3-3-4 旁点步唱歌舞姿

第4×8拍+1×4拍：

重复第3×8拍+1×4拍的动作，但方向相反，动作对称。

第二段音乐：

重复第一段动作。

4．练习要求

（1）后踢步1拍2步，注意动作的起步脚与节奏把握。

（2）带着愉快的表情进行练习，表现出儿童的天真与可爱。

5．教学提示

（1）先播放歌曲《多愉快》，在每一句的后2拍或4拍进行击掌或跺脚练习，培养学生的动作节奏，区分不同的动作节奏。

（2）可以先站成方块队形练习，再站成单圆圈的形式进行练习。

四、大班《跑跳步与走步》组合

1．训练目的

结合歌词内容学习跑跳步、走步，培养学生形意结合的能力，加强其动作协调性和表现力。同时培养学生爱校园、爱学习的情感。

2．组合音乐

曲十三，《再见幼儿园》。

3．动作说明（参见视频3-3-4）

前奏2×8拍：面对1点，正步位站立，双手叉腰。

第一段：

第1×8拍：

视频3-3-4

①—④左脚向左一步，同时右手放于右脸前做呼喊状，向左转腰，重心移至左脚，右脚旁点地。

⑤—⑧重复①—④的动作，但方向相反，动作对称。

第2×8拍：

①—⑧双手叉腰，原地跑跳步八次。

第3×8拍：

①—④左脚向左一步，同时右手放于右脸前做呼喊状，向左转腰，重心移至左脚，右脚旁点地。

⑤—⑧保持右手呼喊状（图3-3-5），身体前倾自左往右至2点呼喊。

第4×8拍：

重复第2×8拍的动作，但双手搭于肩上。

图3-3-5　大八字前倾呼喊舞姿

第5×8拍：

①—⑧左脚起步，原地跑跳步向左转一圈，同时双手在招手位上左右摆动。

第6×8拍：

①—⑧大八字位，双手呼喊状，身体前倾自右往左至8点呼喊。向左移动重心。

第7×8拍：

①—⑧原地走步八次，同时双手在招手位上左右摆动。

第8×8拍＋1×4拍：

①—⑧右脚向右一步，重心移动至右脚，左脚点地，同时双手经体前下落打开至顺风旗位，眼看2点上方。后4拍，原地走步四次，同时右手在招手位上左右摆动。

第9×8拍：

①—⑧左脚向左一步，重心移动至左脚，右脚点地，同时右手经体前下落，双手打开至顺风旗位（左手在上），眼看8点上方。

间奏2×8拍：双脚立踵，保持顺风旗舞姿，原地碎步向左一圈。

第二段：

前9×8拍重复第一段9×8拍的动作。

第10×8拍＋1×4拍：

①—④重复原地走步动作，但方向相反，动作对称。后8拍，左脚起步，原地跑跳步向左转一圈，同时双手在招手位上左右摆动。

第11×8拍：

①—⑧右脚向右一步，重心移动至右脚，左脚点地，同时双手经体前下落，双手打开至顺风旗位（右手在上），眼看2点上方，结束（也可以根据人数进行不同造型的变换）。

4．练习要求

（1）动作幅度尽量加大夸张。

（2）表情要快乐，显出自豪感。

5．教学提示

重点在跑跳步动作学习，多花点时间将跑跳步动作配合上肢进行单一练习。

五、生活类模仿《摩托车》组合

1．训练目的

通过模仿驾驶摩托车的情景，培养学生的动作模仿能力和动作想象力，感受生活带来的乐趣。

2．组合音乐

曲十四，《摩托车》。

3．动作说明（参见视频3-3-5）

视频3-3-5

前奏1×4拍：面对1点，大八字位站立，双臂屈肘握拳于体前，音乐起，身体随之前倾，似骑在摩托车上，眼睛专注地看正前方向。

第一段：

第1×8拍：

①—②双腿屈膝弹动两次，同时右手握拳提压腕两次，似在发动摩托车的样子；③—④双脚轻轻跳起接向前小跑步，仿佛摩托车驶出；⑤—⑧继续向前小跑步。

第2×8拍：

①—④大八字位半蹲，保持骑车姿势，身体向左倾斜，似摩托车向左拐弯时的状态；⑤—⑧大八字位半蹲，保持骑车姿势，身体向右倾斜，似摩托车向右拐弯时的状态。

第3×8拍：

①—④保持身体向前倾状态，双脚轻轻跳起接向前小跑步，仿佛摩托车向前奔跑；⑤—⑧重复①—④的动作。

第4×8拍：

①双腿屈膝大八字位半蹲，同时右脚前掌抬起压地，似踩刹车，身体前倾。②双脚轻轻跳起接右踵步，同时身体左倾，重心靠向左脚。③—④重复①—②的动作，但方向相反，动作对称。⑤—⑧重复①—④的动作。

+1×6拍：

小跑步向左转一圈，同时身体向左倾斜，然后回到1点。结束。

第二段：

音乐可以反复，练习时可以适当改变队形。

4．练习要求

（1）动作时注意身体为骑行状态，眼睛要全神贯注配合。

（2）注意"发车""刹车"细节动作的模仿。

5．教学提示

采取启发与想象教学，使学生投入情境中；可以让学生自己设计动作和路线。

六、动物类模仿《小鸡和小鸭》组合

1. 训练目的

通过模仿小鸡和小鸭的形态动作，激发学生对舞蹈的学习兴趣；培养其动作协调性和节奏感。

2. 组合音乐

曲十五，《小鸡和小鸭》。

3. 动作说明（参见视频3-3-6）

视频3-3-6

前奏2×8拍：面对1点，正步位站立，双手旁按手准备。第2×8拍时，左右摆头五次，两慢三快。

第一段：

第1×8拍：

前4拍，①—②左脚向前踵步，右腿屈膝半蹲，同时双手放于头上做小鸡嘴形状，身体稍前倾低头（象征性鸡啄米），然后左脚收回，重心还原；③—④右脚向前踵步，左腿屈膝半蹲，同时双手放于体侧旁按手，身体稍前倾抬头挺胸，然后右脚收回，重心还原。

⑤—⑧重复①—④的动作。

第2×8拍：

①—④身对8点，左脚向8点伸出踵步，右腿屈膝半蹲，同时双手放于体前屈臂摆动做小鸡啄米动作两次（图3-3-6），同时身体稍前倾塌腰。第4拍时左脚收回正步位，身对1点。

⑤—⑧身对2点，右脚向2点伸出踵步，左腿屈膝半蹲，同时双手放于体前直臂做小鸭嘴型，双手开合动作两次（似小鸭张嘴嘎嘎）（图3-3-7），同时身体稍前倾塌腰。第4拍时右脚收回正步位，身对1点。

图3-3-6 小鸡舞姿一

图3-3-7 小鸭舞姿

图3-3-8 小鸡舞姿二

第3×8拍＋1×4拍：

①—④左脚向前踵步，右腿屈膝半蹲，同时双手放于体前做小鸡啄米一次，身体稍前

倾，然后换右脚蹲步，左腿屈膝半蹲，同时双手放于体侧旁按手，身体稍前倾抬头挺胸，第4拍时右脚收回，重心还原。

⑤—⑧左腿向上抬起90°正吸腿，同时双臂向上展翅动作，然后落脚落臂；后2拍再抬右腿做对称动作（图3-3-8）。

＋1×4拍：

双臂旁按手位，身体前倾，向后展翅抖动，碎步小跑，两人逆时针方向换位成面对面。

间奏2×8拍：两人面对，正步位站立，双手旁按手，左右摆头五次，两慢三快。后①—⑧小碎步旁按手，身体前倾，向后展翅抖动，换回原来的位置，成两人面对面，形成A角（小鸡）与B角（小鸭）。

第二段：

第1×8拍：

①—④下肢动作重复第一段动作，但上肢动作有所变化，即A角做小鸡啄米动作两次，B角做小鸭展翅动作两次。

⑤—⑧重复①—④的动作。

第2×8拍：

①—④A角身对左前方，左脚向左前方向伸出蹲步，右腿屈膝半蹲，同时双手放于体前屈臂摆动做小鸡啄米动作两次，同时身体稍前倾塌腰。第4拍时左脚收回正步位，身对同伴。同时，B角身对同伴，双手做鸭嘴状置于胸前。

⑤—⑧B角身对左前方，左脚向左前方向伸出蹲步，右腿屈膝半蹲，同时双手放于体前直臂做小鸭嘎嘎动作两次，同时身体稍前倾塌腰。第4拍时左脚收回正步位，身对同伴。同时，A角身对同伴，双手做小鸡嘴状置于胸前。

第3×8拍＋1×4拍：

①—②A角左脚向前蹲步，右腿屈膝半蹲，同时双手放于体前做小鸡啄米一次，身体稍前倾，第2拍时左脚收回，重心还原。③—④B角右脚蹲步，左腿屈膝半蹲，同时双手放于体侧旁按手，身体稍前倾抬头挺胸，第4拍时右脚收回，重心还原。

⑤—⑧A角与B角同时做一样的动作。左腿向上抬起90°正吸腿，同时双臂向上做展翅动作，然后落脚落臂；后2拍再抬右腿做对称动作。

＋1×4拍：A角与B角双臂旁按手位，身体前倾，碎步逆时针方向走一圈，结束。

4．练习要求

（1）注意小鸡和小鸭手型变换要及时、到位。

（2）表情要快乐，显示出童真与童趣。

5．教学提示

分角色练习时，注意动作节奏上的变换，形成一问一答的模式。

七、人物类模仿《木偶人》组合

1. 训练目的

结合顺口溜内容模仿木偶人手臂动作和走路、学习等姿态，加强学生躯干和四肢的感知觉能力，培养其动作协调性和肢体表现力。

2. 组合音乐

曲十六，《木偶人》。

3. 动作说明（参见视频3-3-7）

视频3-3-7

前奏2×8拍：

前面1×8拍，对3（或7）点，正步位站立，双臂屈肘于体侧，并掌，手心朝里，平视前方。后1×8拍，木偶步进场（图3-3-9），2拍1步。

第1×8拍：

①—⑧保持走步时屈肘摆臂姿态，木偶式转向1点。

第2×8拍：

①—④大八字位，双臂依次以木偶式动态放于旁按手位。

⑤—⑧保持旁按手位，身体向左下旁腰并以木偶式倾斜，再做木偶式还原；然后，反方向做一次。

第3×8拍：

①—④双臂向上至斜托掌，做木偶式动态。

⑤—⑥木偶式左转头，眼看左上方；⑦—⑧木偶式右转头，眼看右上方。

第4×8拍：

①—④双臂屈肘，手指点至头顶（似爱心状）。

⑤—⑧左手下落至左腹部前，同时右手至队礼位。

第5×8拍：

①—④保持"队礼"姿态，右脚离地，身体向左做木偶式倾斜，再做木偶式还原；然后左脚离地，身体向右做木偶式倾斜，再做木偶式还原。

⑤—⑧双手做捧书本状（图3-3-10）。

第6×8拍：

①—④保持上肢姿态，身体左转45°，第3拍时，左脚前掌离地成勾脚，重心移动至右脚，眼看手中的书本，第4拍保持姿态。

⑤—⑧双手做捧书本状，重心前移至左脚，右脚前掌支撑地面。然后，重心后移，左脚前掌离地成勾脚。

第7×8拍：

①—④双手由捧书本状，变为屈臂于身体两侧，身对8点，重心移至左脚，右脚前掌支撑地面，做似跑步的姿势。

⑤—⑧慢慢转向1点，大八字位，右手以木偶动态式擦擦汗。

第8×8拍：

①—④稍低头含胸，双手指相对于胸前做"开开心"手位。

⑤—⑧抬头挺胸，同时双脚尖分开、双臂向上扬起成斜托位。

第9×8拍：

①—②以左脚为轴，左转180°，上体姿态不变，成背对1点。

③—④以左脚为轴，左转180°，上体姿态不变，成面对1点。

⑤—⑧双臂屈肘，手指点至头顶（似爱心状）。

第10×8拍：

①—④左手下落至左腹部前，同时右手至队礼位。

⑤—⑦向右侧屈头，面带微笑，低头含胸，双手指相对于胸前做"开开心"手位，同时屈膝，两膝相靠，双脚尖内收（图3-3-11）。

图3-3-9　木偶行走舞姿

图3-3-10　木偶读书舞姿

图3-3-11　木偶开心舞姿

第⑧拍，抬头挺胸，同时双脚尖分开、双臂向上扬起成斜托位，结束。

附：《木偶人》顺口溜：

我是提线小木偶，身体处处硬骨头；

腿硬腰硬脖子硬，抬抬胳膊抬抬手。

仰着头来转转颈，太阳出来晒着顶，

放下双手行个礼，小小木偶爱学习。

捧着书儿认真读，前后摇摆像机器。

读书精神要发扬，抬抬手臂擦擦汗，

小小木偶真快乐，合脚开脚把臂扬。

转个圈圈跳个舞，5点1点不迷路，

我们都是木偶人,开心快乐跳着舞,

我们都是木偶人,开心快乐跳着舞!

4. 练习要求

(1) 动作在僵硬中显出灵活,动作路线呈虚线轨迹,保持木偶式动态感。

(2) 随着音乐的节奏,一边在心里默念顺口溜,一边做动作。

5. 教学提示

先单一练习木偶步,再合着顺口溜学习手臂动作,最后手脚合一,合音乐完整练习。

知识与技能拓展

一、儿童在舞蹈中最具表现力的部位及训练方法

头是形体的意向区。通过抬、垂、侧、昂、绕、转、甩等动作配合练习,突出表现"看""听""闻"的意向作用,把感觉和动作轮廓放大,"侧""垂"表示人物的内心情感,最大限度地表现出动作的内在性。特别是头部在幼儿形体中比例相对较大,因此,幼儿舞蹈头部动作的表现成为肢体表现的主体部位,多加强头部的训练有着更为重要的意义。在舞蹈中突出头部动律是儿童舞蹈最基本的特征,这也是区别于成人舞蹈的重要因素。下面介绍一个幼儿头部与胯部训练组合。

1. 训练目的

通过《开心娃娃》组合训练,锻炼学生头部与胯部的灵活性以及头、手臂与身体动作配合的协调性。

2. 组合音乐

曲十七,《开心娃娃》。

3. 动作说明

前奏2×8拍+1×8拍:全体正步位站立,双手叉腰,平视前方。

第一段:

(1) 2×8拍+1×4拍:

第1×8拍:①—②头部向左侧屈,③—④头部还原正前方,⑤—⑧重复①—④的动作,但方向相反,动作对称。

第2×8拍：重复第1×8拍的动作。

后1×4拍：双手经胸前、脸侧向上打开至斜上举，手心相对。

（2）2×8拍：

第1×8拍：①—②双手端于胸前，手心朝上；③—④双手翻腕上推至头顶斜前上方，抬头；⑤—⑧重复①—④的动作。

第2×8拍：重复第1×8拍的动作。

（3）2×8拍＋1×4拍：

第1×8拍：①—②左手旁落成侧举位，右手保持上举托掌位，头部左转，眼看左侧；③—④手位舞姿（顺风旗）不变，头部还原正前方向；⑤—⑥右手旁落成侧举位，成两手侧平举位，头部右转，眼看右侧；⑦—⑧手臂不动，头部还原正前方向。

第2×8拍：手臂侧举不动，头部重复第1×8拍的动作。

后1×4拍：双臂下落于体侧下方，低头，接着抬头，双臂经旁成侧平举，立腕，抬头看上方。

（4）2×8拍＋1×8拍＋1×4拍：

第1×8拍：①—④左手叉腰，右手经下落、经身前提腕至托右腮；⑤—⑥右手推头部左转，眼看左侧；⑦头部转向正前；⑧右手落回叉腰位。

第2×8拍：重复第1×8拍的动作，但方向相反，动作对称。

后1×4拍：双手经胸前、脸侧向上打开至斜上举，手心相对。

间奏2×8拍＋1×8拍：

第1×8拍：①—④双手在左前上方靠腕，手心朝上，眼看左上方，然后还原斜上举；⑤—⑧重复①—④的动作，但动作对称。

第2×8拍：①—④双手在头正上方靠腕，手心朝上，眼看正上方，然后还原斜上举；⑤—⑧重复①—④的动作。

第3×8拍：①—④左手落放于左前下方摊手；⑤—⑧重复①—④的动作，但动作对称。

第二段：

（5）2×8拍＋1×4拍：

第1×8拍：①—④双手叉腰，头部经低头向左上方绕摆，眼看8点上方；⑤—⑧重复①—④的动作，但方向相反，动作对称。

第2×8拍：重复第1×8拍的动作。

后1×4拍：两脚分开成大八字位站立。

（6）2×8拍：

第1×8拍：①—②向左侧屈头，同时胯部向左摆动；③—④向右侧屈头，同时胯部向右摆动；⑤—⑧重复①—④的动作。

第2×8拍：①—②向左侧屈头两次，同时胯部向左摆动两次；③—④向右侧屈头两次，同时胯部向右摆动两次；⑤—⑧重复①—④的动作。

(7) 2×8拍+1×4拍：

第1×8拍：①—②向左侧屈头两次，同时胯部向左摆动两次，左臂向左侧平摆、右臂肩侧屈摆配合；③—④向右侧屈头两次，同时胯部向右摆动两次，右臂向右侧平摆、左臂肩侧屈摆配合；⑤—⑧左右摆胯、摆头和双臂肩侧交替屈摆三次（左、右、左）。

第2×8拍：重复第1×8拍动作，但方向相反，动作对称。

后1×4拍：双脚收回成正步位，两臂侧平举。

(8) 2×8拍+1×8拍+1×4拍：

第1×8拍：①—②向左出左脚，左胯侧摆，左手五指开扶胯，眼看左侧，右手保持侧平举；③—④左脚收回并步，还原双手侧平举；⑤—⑥向右出右脚，右胯侧摆，右手五指开扶胯，眼看右侧，左手保持侧平举；⑦—⑧右脚收回并步，还原双手侧平举。

第2×8拍：重复第1×8拍的动作。

第3×8拍：①—④半蹲左右快速摆胯，同时双手五指开经旁上举交叉手，手心朝前；⑤—⑧继续半蹲左右快速摆胯，双臂经旁下落至旁按手位，手心朝前。

后1×4拍：还原双手叉腰。

第三段：

(9) 1×8拍+1×8拍+1×8拍+1×8拍：

第1×8拍：①—②双脚原地蹦跳，胸前击掌一次，然后蹦跳向左摆胯、摆头，同时双臂体后斜下举；③—④双脚原地蹦跳，胸前击掌一次，然后蹦跳向右摆胯、摆头，同时双臂体后斜下举；⑤—⑧重复①—④的动作。

第2×8拍：①左脚向左开一步左摆胯，同时双手上举位招手一次；②向右摆胯招手一次；③—④重复①—②的动作。⑤—⑧重复①—④的动作。

第3×8拍—第4×8拍：面对7点，重复第1×8拍和第2×8拍的动作。

(10) 1×8拍+1×8拍+1×8拍+1×8拍：

前2×8拍：面对5点，重复(9)前2×8拍的动作。

后2×8拍：面对3点，重复(9)后2×8拍的动作。

(11) 1×8拍+1×8拍+1×8拍+1×4拍+1×8拍：

第1×8拍：面对1点，①—④半蹲，左右快速摆胯，同时双手五指开经旁下落至旁按手位，手心朝前；⑤—⑧继续半蹲，左右快速摆胯，双臂经旁上举至斜上位，手心朝前。

第2×8拍：①—②左脚向左侧一大步，胯向左后摆，身体面向2点，身体前屈，同时双臂体后斜下举摆；③—④左脚收回正步位，同时双臂回摆至斜上举；⑤—⑧重复①—④的动作，但方向相反，动作对称。

第3×8拍：重复第2×8拍的动作。

再1×4拍：半蹲位双手扶后脑勺，同时快速左右摆胯动作。

最后1×8拍：①—⑥双臂斜上举双立踵，左转360°；⑦—⑧双手放于嘴前后还原斜上举，做飞吻状结束。

4. 练习要求

（1）头部动作路线清晰，动作幅度尽量加大。

（2）胯部动作幅度尽量加大，且与肩臂协调配合。

（3）带着快乐的情绪进行练习。

5. 教学提示

（1）练习前先进行头部与胯部的单一动作学习，使学生明白动作术语。

（2）幼儿在进行头部的绕摆时，速度不宜过快，讲清动作过程。

（3）结合儿歌的内容进行分段教学。

二、《波浪步与波浪手》组合

1. 训练目的

通过波浪步组合训练，加强学生脚踝的力量，增强踝关节的灵活性；通过手臂波浪动作与舞步的配合，发展其上、下肢动作的协调能力，特别是对三拍子节奏的感知能力。同时，加强队形变换练习，培养学生的空间感悟能力。

2. 组合音乐

曲十八，《夏日华尔兹》。

3. 动作说明

前奏8×③拍：四人一组，两人为一小组，第一小组两人面对3点，第二小组两人面对7点，正步站立，双手旁按手准备。

第一段：

第1个8×③拍：

1×③拍—4×③拍：左起波浪步两小组分别向3点、7点走四次波浪步，同时旁按手，左右摆头四次。

5×③拍—8×③拍：向1点继续走波浪步四次，动作同前四个小节。

第2个8×③拍：

1×③拍—4×③拍：左脚向旁迈步，右脚尖点地，双臂做左斜上举高低手，做手臂波浪动作两次；第4小节时，左脚收回并于右脚，同时，做一次双手胸前小波浪。

5×③拍—8×③拍：重复本组前4小节的动作，但方向相反，动作对称。

第3个8×③拍：

1×③拍—4×③拍：向1点走"之"字形路线，左脚向右前方迈步，左右交替波浪步四次，同时双臂山膀按掌位交替摆动。

5×③拍—8×③拍：继续走波浪步四次，但改变方向，左转向后走波浪步，第4小节

转回至1点，同时双手背于腰后，头部随步法摆动。

第4个8×③拍：

1×③拍—4×③拍：左脚向右前上步成踏步位半蹲，同时双臂左前下举波浪手三次，第4小节时，右脚收回并步直立，同时做一次双手胸前小波浪。

5×③拍—8×③拍：左脚向右斜后方撤步成踏步位半蹲，重复本组前4小节的手臂动作，但方向相反，动作对称。

第5个8×③拍：

间奏1×③拍：原地碎步，同时双臂胸前位波浪手。

第二段：

第1个8×③拍：

1×③拍—4×③拍：前四小节，四人碎步围成一个圆，面对圆心做右手在上举位柔臂，左手背于腰后。

5×③拍—8×③拍：右手背于腰后，左手在上举位柔臂。

第2个8×③拍：

1×③拍—4×③拍：四人左转背向圆心，分别向2、4、6、8点做碎步，同时顺风旗位（右手在上举位）波浪手。

5×③拍—8×③拍：四人面向逆时针方向走波浪步四次，同时双手背于腰后。

第3个8×③拍：

1×③拍—4×③拍：面向圆心，四人分别对2、4、6、8点踏步半蹲，做波浪手动作。

5×③拍—8×③拍：起身沿顺时针方向做波浪步四次，双臂山膀按掌位交替波浪手摆动。

第4个8×③拍：

1×③拍—4×③拍：双手背腰后，继续做波浪步，四人变成一横排。

5×③拍—8×③拍：单数者原地做波浪步，双数者向后转做波浪步四次，形成两排队形，同时单双数均双臂山膀按掌交替波浪手摆动。

第5个8×③拍：

1×③拍—4×③拍：双手背腰后，继续做波浪步，两排面对面走，前排与后排换位。

5×③拍—8×③拍：四人一起原地碎步左转，同时双臂于头前上方交替柔臂。

第6个8×③拍：

1×③拍—4×③拍：双手背腰后，继续做波浪步，四人变成一横排。

5×③拍—8×③拍：单、双数交替大波浪起伏两次。

结束4小节：每一小节按自左向右顺序，每人依次做一个造型结束。

4. 练习要求

（1）做波浪步时第一拍重拍往上，上步时有一种冲的力量，同时动作的连接要通过重心的变化，形成自然的起伏。

（2）步法与手臂动作、头部动作要协调。

（3）有表情地练习组合。

5. 教学提示

（1）结合歌词的内容进行组合的学习。

（2）可以六人一组，也可以八人一组进行训练。

课后思考与练习

一、幼儿舞蹈的特点和功能是什么？

二、练习幼儿常用的27种舞步。

三、掌握每一种幼儿舞步学习时段与所对应的幼儿年龄层次要求，并且了解每一种幼儿舞步的动作节奏和相应的音乐节拍的关系。

四、观察幼儿生活，自己拟题，自编儿歌四句，并将所学的幼儿常用的手位2～3个用于儿歌表演中。

第四章 幼儿舞蹈创编

教学任务与目标

通过本章的理论学习、案例分析及实践操作，使学生认识到幼儿舞蹈创编在幼儿园舞蹈教学中的重要性；了解幼儿舞蹈创编的基本理论和技术原理；掌握幼儿舞蹈创编的基本原则和方法；培养学生热爱幼儿教育事业、热爱舞蹈、热爱生活，不断丰富内心情感，为今后的实际工作服务。

第一节 幼儿舞蹈创编概述

幼儿舞蹈创编，是建立在学生学习舞蹈基础知识和基本技能之上理论与实践相结合的课程。幼儿舞蹈创编课程是以理论做指导，更是以实践来促进学生能力发展的实训课。幼儿舞蹈创编理论与创编方法和成人舞蹈创作有着大同小异的关系。不同的是，幼儿舞蹈创编必须符合幼儿生理、心理成长规律，只有这样，才能创作出符合幼儿需求的舞蹈动作、舞蹈组合和舞蹈作品等。

第一，舞蹈编导需要具备全面的文化艺术素养及舞蹈专业知识。作为舞蹈编导应能够全面掌握多元化的舞蹈表现形式，熟练地运用舞蹈专业技术、技巧，自如地表达各种不同类别、不同风格、不同形式的舞蹈语汇，并能运用创作将自己的所想、所感用舞蹈的形式传达出来，这是一名专业舞蹈编导所具备的必要基础。幼儿舞蹈编导同样肩负着这样全面而复杂的重任，除了必须拥有较高的文化修养和渊博的知识、具有广泛而扎实的舞蹈专业知识之外，还要有幼儿教育学、幼儿心理学、舞蹈美学等方面的基础知识。编导要熟练、自如地表达不同形式、不同风格的舞蹈，就需要尽可能多地学习和掌握不同类型的舞蹈，素材越多，越能使舞蹈创作能力得到充分的发挥，既可以丰富自己的想象力，又能深化作品的内涵。

第二，幼儿舞蹈创编，除了必备的舞蹈基础知识和修养，还要熟知少年儿童的心理与生理特征。幼儿的思维、心理和生理在不同年龄阶段都具有不同的特点，他们在不同年龄时期接受事物的能力差别很大，这样就对舞蹈艺术的教育与创编产生了特殊的要求。熟知幼儿不同年龄阶段的感知能力、记忆能力、模仿能力、理解能力以及接受能力的变化、发展和差异，对幼儿舞蹈创编来说就如同拿到一把金钥匙，用这把金钥匙来开启幼儿舞蹈创作之门，才能创作出适合幼儿并为他们所喜爱的舞蹈艺术作品。学龄前孩子由于受到生理与心理条件的限制，他们往往用最直接的、最有效的方法表达自己的感情。他们的感知能力是通过对事物的声、色、形的简单感受而发展起来的，因而编导需很好地利用这一特点进行深入挖掘，再运用舞蹈的形式来引起他们的兴趣。总体来讲，从事幼儿舞蹈创编工作，要用儿童的眼光来观察世界，要根据不同年龄阶段特征来进行创作，认真研究不同阶段儿童的生理、心理变化和发展，使得创作能够适合孩子们的需要，增强他们对舞蹈艺术的热爱。

第三，丰富的生活积累和敏锐的观察能力是创编取得成效的关键所在。生活是舞蹈的创作源泉。舞蹈艺术就是对生活进行提炼、加工、创作。熟悉和了解幼儿的生活、深入观察幼儿的身体动态是幼儿舞蹈创作的首要条件。这要求幼儿舞蹈编导要以孩子的感受为基础，用他们的眼睛去观察这个五彩斑斓的世界，捕捉动作、反映生活。在日常生活中，编导要有意识地锻炼自己观察、认识幼儿生活，提炼幼儿生活动作的能力，比如孩子们游戏的场景、捧腹大笑的模样、鼓鼓生气的小脸以及一本正经的样子等，都是编导们应该熟悉的。

第四，丰富的想象力和强烈的创作激情将为幼儿舞蹈创编插上理想的翅膀。丰富的想象和奇特的幻想是每一个幼儿与生俱来的特点。幼儿的想象力既丰富又具体，既有形又无形，既客观又主观，充满稚趣童心。这些足以说明他们思维的宽泛。这就要求幼儿舞蹈编导必须努力培养自己丰富的想象能力，给自己营造一个更加童心化的想象空间，在孩子的世界中放飞想象的翅膀自由翱翔。幼儿舞蹈创作，是从艺术想象到艺术形象的一个实践过程，这种想象并不是日常生活中的奇思异想，不是凭空捏造出来的，而是将幼儿生活中的动态提炼和升华后，在脑海中形成的一个具体的艺术想象，编导再将这种想象用舞蹈语汇勾勒出具体可感的艺术形象，也就是给这一抽象事物赋予形态、形式、色彩、情感等因素，表现出独特的幼儿舞蹈特点。

幼儿舞蹈创编课程包括幼儿舞蹈创编的内容和特点、幼儿舞蹈创编的基本原则与方法、幼儿舞蹈创编的基本技法；要求学生能合理运用已学知识和技能进行创造性思维及实

践活动；要求学生分析幼儿的思维特点，熟悉幼儿在舞蹈活动中的心态、情绪与情感的表达方式，探索幼儿舞蹈创编的规律；要求学生掌握幼儿律动、幼儿歌表演、幼儿歌舞、集体舞、幼儿即兴舞以及表演性舞蹈创编的基本方法和技法原理；同时，通过舞蹈动作分析和作品赏析，帮助学生进行感性经验的积累，学会比较与借鉴，建立正确的儿童舞蹈审美观，提高舞蹈审美能力，加强人文素养，为今后实际工作服务。

总之，幼儿舞蹈创编课对于培养学生的创造力、审美能力、运用知识的能力以及提高其综合素质具有重要的作用。

第二节　幼儿舞蹈创编的艺术特征

幼儿舞蹈活泼、天真、夸张、有趣，是童心童趣的绽放和展现，它与舞蹈艺术有着共同的特性，而且根据年龄的特点还具有自身的特征和个性。幼儿舞蹈与舞台艺术舞蹈同样来源于生活，需要通过艺术提炼和升华来反映幼儿充满童真童趣的形象、神态、性格以及思想感情。幼儿舞蹈可以陶冶孩子们的情操，培养其兴趣爱好和教育孩子们热爱一切真善美的事物，促进孩子们去探索和发现事物的奥秘，从而提高认识能力、审美能力和审美情趣，使孩子们的想象力、求知欲、独立思考能力都得到全面的发展。幼儿舞蹈创编必须把握以下四个艺术特征。

一、主题内容简单明确

由于幼儿年龄小，思维比较单纯，想法简单，因而无论是从孩子们的理解力还是从其身体承受力的角度，幼儿舞蹈都应该在舞蹈的情绪或情节上注重单一，主题立意要简单明了、浅显易懂、充满童趣、风格纯正，音乐形象鲜明突出，舞蹈的篇幅短小，这样的幼儿舞蹈才具有艺术生命力，才能深受孩子们的喜欢。例如，幼儿舞蹈作品《下雪了，真滑！》以在雪地滑倒的动作作为舞蹈的主题动作，并在舞蹈中反复出现，通过队形的调度与变化，简单而充满童趣，形象而突出主题，可谓来自生活而又高于生活的巧妙之作。

二、舞蹈形象生动可爱

幼儿对事物的理解和对生活的认识，往往是通过模仿直观、具体的形象开始的。幼儿认识舞蹈、接受舞蹈要从生动、有趣的形象动作开始。因此，幼儿舞蹈作品应该塑造幼儿喜欢的艺术形象，通过具体生动的艺术形象来表明鲜明的主题，这样才能引起幼儿的注意

第四章 幼儿舞蹈创编

和激发他们的兴趣，使其与幼儿的情感更加接近，引起他们的共鸣。让幼儿参与表演或者观看之后，能够想象并体会出其中的意义。例如，幼儿舞蹈作品《快乐的小鸡》通过舞蹈动作和服装设计，将小鸡的形象人物化、性格化，目的在于通过模仿小鸡这一具体的动物形象，唤起幼儿的舞蹈兴趣，展现幼儿天真活泼的性格特点。

三、音乐节奏活泼明快

幼儿好动好玩的特点，决定了幼儿容易对节奏鲜明、形式活泼、旋律清晰的音乐节奏产生兴趣。幼儿舞蹈相对成人而言，音乐节奏轻快、活泼、欢乐、鲜明，因而更能激起幼儿表演的欲望、激发其参与舞蹈的热情，让其一听到音乐的节奏，就有翩翩起舞的冲动，同时使整个舞蹈在一种欢乐气氛中展现出来。例如，幼儿舞蹈作品《向前冲！》音乐节奏明快、活泼而富有动感。幼儿被音乐鲜明的动律所感染，动作活泼可爱，很是令人振奋！

四、肢体动作夸张简洁

幼儿具有直观形象性思维的特点，直观形象、简洁夸张的事物更能引起他们的注意，激发其主动学习的兴趣。舞蹈艺术讲究夸张，幼儿舞蹈尤为如此，用夸张、简洁的表现手法，把直观的形象、动作呈现给幼儿，更能激起幼儿模仿学习的欲望。因此，在创编幼儿舞蹈时，大胆合理地使用夸张的艺术手法显得尤为重要。孩子对喜怒哀乐的情感表达十分强烈，因而在对舞蹈形象的刻画中，善与恶、美与丑的对比要非常鲜明，以便于他们去认识与体会，从而把握舞蹈艺术形象。例如，幼儿舞蹈作品《我可喜欢你》取材于孩子们的现实生活，从幼儿的角度出发来探讨什么样的孩子在小朋友中受欢迎。舞蹈选取了孩子在日常生活中特有的一些小动作，运用夸张的手法，将动作进行艺术性的加工和放大，用大的肢体动作加以表现。例如，双脚蹦、塌腰、甩臂等大开大合的动作，特别富有童趣，将孩子的天真可爱表现得淋漓尽致。

第三节 幼儿舞蹈创编基本技法

舞蹈动作创编的基本技法是在创编基本理论的指导下，用基础的原理去探究动作的产生、变化特点、发展规律，运用自身的智能结构去寻求新的动作、新的组合，进行实践与创造。

一、动作结构基础原理

动作是肢体的语言，肢体语言产生于人体本身，人体的运动存在于三维空间中，三维空间指的是高度、宽度和深度。这是舞蹈动作的空间属性。动作本身也具有时间属性。如动作的节奏变化、动作速度的快慢。因此，舞蹈动作在时间和空间中可以不断地变化和发展，作为最小结构单位的动作，是由动态、动速（节奏）、动律、动力、情感五个基本元素组成的。在动作的这五个元素中，动态、动速（节奏）、动律、动力属于外在因素，情感属于内在因素。"外因"的变化要通过"内因"起作用，所以在舞蹈中，动作的动态、动速（节奏）、动律、动力变化主要靠情感这个内在因素来支配。

（一）动作元素概念

（1）动态——动作的姿态。它包括静止的姿态、流动的姿态、舞步等。动态是具有可视性的，它具有空间属性。

（2）动速（节奏）——动作的节奏和速度。它具有时间属性，并影响动态的发展与变化。

（3）动律——动作的空间走向，时间流动急缓的内在规律。它既有动作在运动过程中的时间属性，又有在流动中展现内容的空间属性，是构成风格特点的重要元素。

（4）动力——动作的力度。动作的力度有两层含义：一是指动作的力度与情感强度的统一；另一个含义是指动作在运动中的"力效"。

（5）情感——舞蹈动作的内在因素。

以上几个元素是构成一个动作的基本成分。这些成分的组合，构成动作造型美、流动美和情感美。

（二）动作元素解读

案例：幼儿歌表演《小鸭嘎嘎》，曲一。

1. 动作元素

原型动作：大八字蹲，双臂旁按手。

动律：①双膝屈伸，重拍向下；②左右摇摆走。

动态：①在基本体态的基础上，双臂旁按手，随动律起伏和摇摆；②双手掌上下相叠，做开合（鸭嘴）动作。

节奏：一拍一动和一拍两动。

动力：力度适中，富有动感。

情感：诙谐和快乐。

2. 创编分析

这是一个中班的歌表演。歌曲是2/4拍子，节奏感强，旋律简单活泼，歌词简明易懂："小鸭小鸭嘎嘎，肚皮饿了呱呱，不喊爹不喊妈，摇摇摆摆走下河，摇摇摆摆走下河，自己去捉小虾虾。嘎！嘎！"共有六个乐句，每个乐句4拍。第二段完全重复第一段，只是最后结束句延长了两拍。在动作设计上，重点抓住小鸭的形象和动态，然后进行动作的动态、动律发展和节奏变化，表现出小鸭诙谐、活泼的可爱形象。

二、动作创编途径

（一）继承和创造——动作语言的积累与发展

所谓动作继承，就是以前人所创造的、约定俗成的动作作为舞蹈语言，在现在的作品中仍然留用。幼儿的舞蹈动作主要来自老师对孩子的传教，幼儿在幼儿园、社会艺术培训机构、社区文化活动现场通过观察、模仿、体验来接受成人教授的舞蹈动作。

所谓动作创造就是对陈旧的舞蹈语汇进行改造、发展、变化，使之成为新的舞蹈语言。舞蹈创作是艺术造型综合能力与创造能力的集中体现。幼儿舞蹈的创作不仅来自传教，还来自幼儿的情感与想象，它离不开幼儿的生活和环境。我们要从幼儿生活中找到动作的源泉，用舞蹈的方式、运动知觉的智慧去武装我们的思维，使肢体动作在三维空间、三度空间自由伸展、收缩和运行；使情感表达符合幼儿的认知规律，满足幼儿的情感需求。

（二）直接引入——创编入门的捷径

作为学前教育专业学生，初步接触舞蹈动作创编时，会有一种无从下手、力不从心的感觉。那么可以通过"直接引入法"让学生找到创编的捷径，建立创编的信心。这是一种引导学生进入创编的简单有效的手段。直接引入法就是将教师所传授的基本动作和平时所积累的舞蹈基本知识（常用动作和技能），做合理的取舍，用于舞蹈动作的创编中。

在运用"直接引入法"时，必须了解与其相关的动作特性：

（1）相同的动作可以表达不同的含义。如中国舞的"双托位"舞姿，我们可把它的形象看作"积极向上的少年"，引申为"朝气蓬勃"的动作形象，也可将这个动作理解为"托起蓝天"，引申为"肩负重任"或"英雄气概"的动作形象等。

（2）不同的动作可以表达相同的动作含义。如表现"可爱的娃娃"，我们既可以用具有蹦跳步或后踢步来体现，也可以用幼儿的常用手位"娃娃乐"或"摆摆手"等动作来展示；既可以用欢快的舞步来体现，也可以用多变的上肢动作来诠释等。

（3）运用直接引入法必须注意动作风格的一致性和节奏的准确性，否则会出现"张冠李戴"的现象，犯审美错误。如在编排少儿傣族舞蹈《小池边》时，将维吾尔族舞中的"三步一抬""旁点摇身"等动作编入其中，就显得不伦不类；又如在编蒙古族舞蹈时，

将朝鲜族舞的动作融入其中，也会使人感觉格格不入。

（三）动作开发——动作派生法

动作派生法是指在选取原型动作的基础上，保留其下肢动作，变化其上肢动作，或者保留其上肢动作，变化其下肢动作，达到产生新的动作的目的。与其相关的动作常表现为：

（1）同一种舞步（动律）不变，由于身体动作变化的不同，会形成多种不同的动作形态，并表达不同的动作含义。如"跑跳步"是常用的儿童舞步，上肢可以是"招招手"，表示"欢迎"；上肢也可改为"屈摆手"，意为"快乐的童年"；上肢再由下而上双臂斜上举托掌，可视为"小树儿快快长大"；如果再加上舞步方向的变化，更是多姿多彩，等等。

（2）同一个舞姿（动态）不变，将下肢舞步进行变化，也会衍生出丰富多彩的形象动作来。在舞步的变化中改变了身体的方向、行进的速度、重心的转换等，使动作的意义更广泛，使人的联想更丰富。例如："左右摆臂"动作，配上前踢步走正步行进，则显示军人的形象；配上"滑步"，"滑雪"形象就出现了；配上"后踢步"，加上头的左右摆动，就是"活泼的小姑娘"，等等。

（3）同一个动作，将原来的动作节奏进行变化，会产生新的视觉冲击。对同一动作的节奏加以处理，会出现情感程度的不同表达。例如：圆场步，慢走时，呈现的是"平静""思索""低落"的情绪等，如加快圆场步的节奏，会体现出"焦急""不安""涌动"等情感特征。

（四）动作升华——艺术手法的运用

1. 动作短句法

舞蹈的表达犹如写作文，先有字和词的基础，然后选择字、词进行造句和写文章。动作短句法就是根据音乐短句，从音乐出发，通过对音乐的理解，展开想象，选择两个以上的变化动作组合在一起，串成"一句话"或"几句话"，表达一定的主题或思想内容。动作短句法要求"语句通顺"，动作自然流畅，并讲究"抑扬顿挫"，即注意动静结合的艺术性。

运用动作短句法时，动作元素的选择要符合音乐的情调，达到视与听的高度结合；熟悉音乐，抓住音乐的情感节奏，不要放弃每一个特殊的节奏和特殊的音符。动作短句法的特点是：动作与动作之间的连接不同、变化不同，会表现出不同的情感及艺术效果。因此，要注意动作与动作之间的起、承、转、合，注意点、线、面的连接，点是元素，线是流动性，面是完整性。要多运用动作的动态、动速、动律和动力发展与变化原理，尽最大可能拆分动作，并合理、巧妙地组合动作，以达到"语句通顺，抑扬顿挫"的动态美。

2. 艺术处理法

艺术处理法就是形象动作发展后，为不断地强化和美化动作及动作组合而运用对比、平衡、重复、夸张等手法进行艺术处理。

（1）对比。"对比"是舞蹈中最重要的方法。借以动作"速度"的对比、"力度"的对比、"幅度"的对比、"动静"的对比，进行相反或相对的对比，对比性的动作加大了情绪变化的起伏，使各种情感在对比中更加鲜明、突出，使形体舞蹈语言更加生动。

（2）平衡。"平衡"一般和"对称"联为一体。对称平衡是指动作和队形绝对平衡和相对平衡，结构顺序和结构比例平衡，动作构图在运动中的平衡。平衡创造一种美的意境，使人产生美的感受。

（3）重复。重复的方法又称再现。它是将舞蹈中已经出现的动律、动态、动作、步法等在适当处再次展现，有单一动作的重复，也有舞句、舞段的重复，使舞蹈形象深刻地留在观众心里。

（4）夸张。夸张是创作的基本法则，即在原有动作的基础上，使动作、舞姿、步法和表情在幅度、力度、速度上加以夸张和浓缩。运用夸张的手法时，要准确把握夸张的"度"。

艺术处理法是动作创编技法的综合体现。在创编练习中，只有充分发挥艺术处理法的作用，才更能体现创编的价值。

三、幼儿舞蹈创编基本技法

幼儿舞蹈创编同样离不开时、空、力等因素的变化。根据幼儿舞蹈的特点和人体动作的基本特性，我们将动作元素编舞法作为幼儿舞蹈创编的最基本的方法，并通过不同的练习课例实践，加深对动作创编理论的理解，让学生掌握幼儿舞蹈创编的基本技法，提高学生幼儿舞蹈创编的基本能力。

（一）动作元素编舞法概念

动作元素编舞法就是学会把一个动作进行分解，找到它的可变性（动态、动律、动力、节奏、方向、空间）、可能性（它将达到什么结果），然后再重新组装。要求用一两个动作元素进行发展，而不是将动作相加，形成动作的堆砌。

（二）动作元素编舞法特征

1. 动作结构的丰富性

因为动作元素本身具有动态性、动律性、动力性、节奏性和情感性，所以在这些元素的支配下，可以根据音乐的特点和性质、人物的特点、环境的特征以及角色情感的需要等

进行有规律、有目的的变化与发展动作，使得舞蹈动作千变万化、丰富多彩，以满足创编内容的需要。

2. 动作风格的统一性

动律是构成风格特点的重要元素。在创编过程中，动作受动律元素的影响而形成动作风格，我们必须遵循艺术规律，坚持舞蹈动作风格的统一性和突出性，以满足人们的审美需求。所以，切记不要风格混搭。例如，将古典舞的动作和爵士舞蹈动作编排在一起，会让人觉得难以接受。

3. 动作素材的节约性

一个动作元素可能是舞姿，可能是造型，也可能是律动性、节奏性。元素是动作的主要部分，是一个动作最本质、最主体、最有特色、有规律的部分，这个元素决定动作的生命特色。根据动作元素编舞，体现了动作素材的节约性，而舞蹈就有了核心主体，无论怎样千变万化，都不会游离太远。有经验的编导就是抓住几个元素动作来变化，而不是动作素材的堆砌，使舞蹈显得不伦不类。

4. 动作变化的自由性

对动作的五个基本元素，可以根据舞蹈的内容需要进行选择性创作。舞蹈创编既可以侧重于动态的重组，又可以注重节奏的变化。例如舞蹈《快乐的节奏》，就是以节奏变化为重点进行的作品创编。通过击掌的节奏变化、击腿的节奏变化以及舞步的节奏变化来使主题鲜明，用节奏变化来突出快乐至上。

（三）动作元素编舞法实践及案例分析

动作元素编舞法包括动态变化法，动速（节奏）变化法，动律变化法，动力变化法，方向变化法，空间变化法，造型变化法，情绪变化法，性别、性格变化法和综合变化法。其中，动态、动律和动速是幼儿舞蹈创编中最常用的三大元素。

1. 动态变化法案例及分析

（1）案例《小猪睡觉》，曲二。

● 歌词内容：

小猪吃得饱饱，闭上眼睛睡觉，大耳朵在扇扇，小尾巴在摇摇。

呼噜噜噜噜，呼噜噜噜噜，呼噜呼噜，呼噜呼噜，小尾巴在摇摇！

（2）动作元素。

动律：跪姿，双手撑地，左右摆胯（小猪摇尾巴的样子）和小猪团身侧卧滚动（小猪睡觉的样子）。

动态：双手拍拍肚皮和双手放于头两侧扇动手掌（小猪的大耳朵）。

节奏：1拍1动。

动力：力度适中。

情感：憨厚、快乐。

（3）练习要求。

根据以上舞蹈动作，保留动律、节奏不变，变化三个不同的动态。

（4）动态变化及分析。

动态变化①：一手握拳放于嘴前做猪嘴，另一手单指手型放于身后做猪尾巴。动作更加形象，猪嘴与猪尾巴同时体现，与元素动作"双手放于腹前拍拍肚皮"形成明显反差。

动态变化②：双手放于臀部，撅臀摆动，进一步体现小猪的大臀部，形象更加突出，憨态明显增强。

动态变化③：小猪仰卧，小腿上下打动，同时双手握拳，向外绕拳。由侧卧变成仰卧，绕拳动作代表小猪打呼噜的节奏，由"静"变成静中有动，表现小猪的憨态与调皮的样子。

（5）创编技法。

在动作元素中，保留两个元素，变化一个元素。

（6）创编提示。

每一次动态的变化与动作元素的原型反差对比要大，不要使所编动作变和没变差不多。

2. 动律变化法案例及分析

（1）案例《蒙古族舞蹈柔臂组合》，曲三。

（2）动作元素：以柔臂动作为例。

动律：圆场步和柔臂。

动态：双臂由胸前位柔臂至侧举位柔臂、双臂交替上下柔臂。

节奏：两拍一动。

动力：柔和。

情感：开朗。

（3）练习要求。

在动作元素原型的基础上，保留动态、动力和节奏不变，进行三种不同动律的变化。

（4）动律变化及分析。

动律变化①：吸腿步接大掖步上下起伏三位柔臂，由流动的"圆场步"改为大掖步原地起伏动律，产生"流动"转为"静止"的动律变化。上肢动作节奏仍然是两拍一动，显得静中有动，动中有静。

动律变化②：碎步横移双臂交替柔臂接踏步转身交替柔臂。虽然下肢动律发生变化，但动态和动作风格依然保持原有特点。

动律变化③：由踏步蹲起伏三位柔臂至转身360°，连续左右交替转360°。连续转身，顺势而为，虽然形成的流畅起伏与旋转动律带给我们视觉的冲击，但手臂的动力感并没有发生变化。

（5）创编技法。

在动作元素中，保留三个元素，变化一个元素。

（6）创编提示。

尽量改变动作的运动规律，但是在民族民间舞蹈动作创编中，必须考虑动作的风格把握。要研究其风格的核心是在动律上，还是在动态上，还是在节奏上。因为民族民间舞蹈的风格形式多种多样，其特点也各不相同。

3. 动速变化法案例及分析

（1）案例《格桑花》。

（2）动作元素：以退踏步左右摆袖动作为例。

动律：退踏步。

动态：左右摆袖。

节奏：两拍一动。

动力：力度适中。

情感：欢快、自然。

（3）练习要求。

在动作元素原型的基础上，保留动态，进行三种不同节奏、动律和动力的变化。

（4）节奏、动律和动力变化呈现及分析。

节奏、动律和动力变化①：向前平踏步，一拍一次，左右摆袖。动态保持，舞步改变动律则变。节奏由原来的两拍一动变为一拍一动。

节奏、动律和动力变化②：原地并步颤膝，双臂四拍一次向左摆袖。由于摆袖速度减慢，所以力度相应减小。节奏和力度均有改变，但动态没有变化。

节奏、动律和动力变化③：右脚向旁点颤步，同时一拍两次摆袖。由于摆袖速度加快，所以力度加大。动态保持，其他元素均有变化。

（5）创编技法。

保留一个元素，变化两个元素。

（6）创编提示。

每一次动态的变化与动作元素的原型形成反差，使视觉上有突出的变化。

4. 动力变化法案例及分析

（1）案例《小孔雀》。

（2）动作元素：以傣族舞蹈双手经腰间曲掌接双手上靠腕动作（双合翅）为例。

动态——双手经腰间曲掌接双手上靠腕动作（双合翅）。

动律——丁步位双膝屈伸。

动力——有韧性地。

节奏——四拍一次。

情感——优美、活泼。

(3)练习要求。

在动作元素原型的基础上,保留动态、动律、节奏不变,改变动作的力度。

(4)动力变化及分析。

动力变化①:加大动作力度,四拍完成丁步位双膝屈伸和手臂的动作。此时的动作由原来的优美感变得生硬呆板。

动力变化②:若加快动作速度,两拍完成原型动作,力度虽有所加强,但仍然不改变动作的风格,只是由优美转换为活泼,可见动力和动速(节奏)是紧密相关的。

(5)创编技法。

动力变化直接影响动作性质,所以力的变化法要适合动作风格和内涵及其情感取向。

(6)创编提示。

在动作的用力上有明显的改变,则改变了原型动作的特性。

5. 方向变化法案例及分析

(1)案例《报春》,音乐3/4,曲四。

(2)动作元素:以碎步小鸟展翅为例。

示例①:第1×③拍对2点—第2×③拍对4点—第3×③拍对6点—第4×③拍对8点;

示例②:第1×③拍对1点—第2×③拍对3点—第3×③拍对5点—第4×③拍对7点;

示例③:第1×③拍对1点—第2×③拍对5点—第3×③拍对5点—第4×③拍对1点。

(3)练习要求。

在元素动作动态、动律、节奏不变的基础上,根据动势进行方向变化三次。

(4)方向变化及分析。

练习一(音乐共32小节,每8小节为一组动作,每2小节改变一个方向):

第一组动作:第1~2小节对2点—第3~4小节对4点—第5~6小节对6点—第7~8小节对8点。在对角线上找"点",顺时针方向运动,便于记忆。

第二组动作:第1~2小节对1点—第3~4小节对3点—第5~6小节对5点—第7~8小节对7点。在"十字架"的位上找"点",同样容易记住方位。

第三组动作:第1~2小节对1点—第3~4小节对5点—第5~6小节对5点—第7~8小节对1点。以前、后为主要方向变化,每次转动180°。简单明了。

第四组动作:第1~2小节对2点—第3~4小节对4点—第5~6小节对6点—第7~8小节对8点。采取重复的方法,完成本组的最后一组动作。

练习二(音乐共32小节,每8小节为一组动作,每2小节改变一个方向):

第一组动作:第1~2小节对2点—第3~4小节对3点—第5~6小节对4点—第7~8小节对8点。

第二组动作:第1~2小节对7点—第3~4小节对6点—第5~6小节对2点—第7~8小节对5点。

第三组动作：第1～2小节对2点—第3～4小节对4点—第5～6小节对6点—第7～8小节对8点。

第四组动作：第1～2小节对1点—第3～4小节对5点—第5～6小节对5点—第7～8小节对1点。

（5）创编技法。

以舞台的八个方向为基础，通过方向的变化，使动作在不同的角度、不同的方向上出现不同的视觉效果。

（6）创编提示。

①第一段32小节将练习一的三次单一变化的动作连接起来，最后八小节可重复其中的任何一个变化。

②根据动作的可变性，尽可能多地变方向；变方向时，在顺势顺向中寻求逆向的变化、突变的变化，以达到视觉上的特殊效果。

③动作方向变化的连接顺序，从效果出发进行选择；前面小节动作的重复要根据三次变化的动作连接起来的效果进行选择。

6. 空间变化法案例及分析

（1）案例《中国舞手位和舞姿》。

（2）动作元素：以顺风旗动作为例。

动作舞姿①：右腿跪地，左脚旁点直膝顺风旗（一度空间）。

动作舞姿②：踏步位顺风旗舞姿（二度空间）。

动作舞姿③：双脚起跳，在空中顺风旗舞姿（三度空间）。

（3）练习要求。

在原有动作元素的基础上，保留顺风旗舞姿不变，分别在一度空间、二度空间、三度空间上进行一次元素动作的变化。

（4）空间变化及分析。

空间变化①：双脚起跳，在空中顺风旗舞姿（三度空间）—双立踵顺风旗舞姿（二度空间）—右腿跪地，左脚旁点直膝顺风旗舞姿结束（在一度空间的跪姿状态）。

空间变化②：原地碎步顺风旗舞姿（二度空间）—连续两次双脚起跳，在空中顺风旗舞姿（三度空间）—双立踵顺风旗舞姿（再经二度空间）—右腿跪地，左脚旁点直膝顺风旗舞姿结束（一度空间）。

空间变化③：连续三次双脚起跳，在空中顺风旗舞姿（三次重复动作在三度空间表现）—原地立踵顺风旗舞姿（二度空间）—左腿朝2点下叉顺风旗舞姿结束（在一度空间用劈叉动作支撑身体）。

（5）创编技法。

采取不同的动作结构方式，体验动作的"三度空间变化"。

（6）创编提示。

①在一度空间和三度空间上的变化，要根据空间特点进行节奏的变化处理，突出空间感。

②动作在三个空间上连接起来做时，要根据动作的动势安排空间顺序，选择动作适合的空间进行变化。

③进行三度空间变化时，为突出空间效果，元素动作根据动势可以处理为连续重复两次或三次；动作的空间变了，动作元素的动律、节奏会有所改变。

7. 造型变化法案例及分析

（1）案例《拜年》。

（2）动作元素：双手合抱拳，踵步。

（3）练习要求。

在空间进行单人造型、双人造型及多人造型练习，在规定的音乐时长里，每人完成3～4个造型变化。

（4）造型变化及分析。

● 单人造型组：

A．正步位抱拳礼拜年。A造型庄重正式感强，是生活化、成人化的典型动作。

B．单腿跪抱拳礼拜年。B造型夸张，戏剧感强，并运用了二度空间。

C．侧踵步抱拳礼。C造型儿童化，显得活泼、可爱。

D．踏步位胯旁抱拳礼拜年。D造型是女性化的动作，踏步有舞姿感。

以上四个单人造型，都紧扣拜年主题。动作元素都来自生活，并在生活中加以提炼。

● 双人造型组：

A——双人相见而拥，单脚支撑，另一条腿后吸腿。A造型，相拥动作情感性强，体现过年亲人相见的热情和亲切，对称的后吸腿动作具有舞姿造型感。

B——其中一人前踵步，双手伸出"捧手动作"（接红包的意思）；另一个人踏步位一手托掌，一手递出"红包"。B造型，运用联想与高低对比的手法，形成上与下的互动感。

C——其中一人并步半蹲，右手做点烟花状，左手旁按手；另一个双手做捂住耳朵动作，似害怕的样子。C造型，过年放烟花场景的再现，是通过联想产生的生动画面形象。

D——两人面对1点，各自内侧脚踵步，双手朝1点拱手礼拜年。D造型，运用对称的手法，简单、活泼地向大家拜年。

● 多人造型组：造型接龙游戏

A——面对2点并步半蹲，双手提着"灯笼"。

B——面对2点双托位双立踵，眼看"灯笼"。

C——面对1点双腿大八字半蹲，双手抱拳礼拜年。

D——面对1点大八字位，双手横拉"对联"。

E——面对8点蹱步，双手前平举握着"中国结"，眼看左边的同伴。

F——面对8点双立蹱，双手举着"中国结"，眼看右边的同伴。

（5）创编技法。

根据主题内容，采取不同的动作结构方式，体验动作在三度空间的变化。

（6）创编提示。

①以造型接龙的游戏形式，进行A、B、C、D、E、F多人造型练习，使练习充满趣味性。

②突出拜年的主题，有拜年的喜庆感，形成"中国风"。

③同伴之间应有互动和呼应，使画面形成错落有致的美感和整体感。

8. 情绪变化法案例及分析

（1）案例《我的喜怒哀乐》。

（2）动作元素。

以头部左右转动（左顾右盼）、双臂肩侧手腕随之摆动（转动或抖动）为基本动律和动态。

（3）练习要求。

在元素动作不变的基础上，进行喜、怒、哀、乐的不同变化。以喜、怒、哀、乐四大情感作依托，从情感出发，寻找动作传情的可能性。

（4）情绪变化及分析。

变化①：脚步左、右碎步快速移动，并加快手腕的抖动（乐）。

变化②：放慢节奏，用力左、右交替跺脚，并用力握拳、转头，形成甩发咬唇状态（怒）。

变化③：大八字慢慢下蹲，同时，头部左右缓缓转动，双手肩侧屈交替转腕捂脸，做闭眼痛苦状态（哀）。

（5）创编技法。

情感在动作五大元素中是各个外在因素变化的内在依据。为突出情感，动态可以不变，动律可变可不变，节奏、动力必须变；也可以运用前面所学的各种变化方法，并可加大动作的幅度。

（6）创编提示。

对每一种情感的表达都必须达到极限，动作要有明显的变化，不能只是面部表情的改变。动作的用力（动力）要根据所表现的情感有明显改变，节奏要清楚。

9. 性别、性格变化法案例及分析

（1）案例《我的爷爷和奶奶》。

（2）动作元素：以"爷爷"的性别为人物原型。

基本动律和动态：走姿及其不同人物的体态特征。

（3）练习要求。

①以男、女、老、少四种类别进行变化练习，从而达到学会捕捉各类人物典型特征、塑造形象、刻画性格的能力。

②形象要清楚，性格要突出，情感要准确，表现要达到极致。

（4）性别、性格变化及分析。

练习一：单一变化。即在四个八拍节奏下进行男、女、老、少的动作和性格的变化。

男人的刚劲（双手握拳于肩侧）— 女人的温柔（旁点侧身，提腕摊手）— 老人的体态（半蹲位体前倾含胸，双手背后，缓缓向前迈步）— 少年的活泼（跑跳步双手胸前击掌或左右摆臂）。

练习二：复合变化。模仿快乐的男孩和生气的女孩，或模仿爷爷和奶奶的行为举止特征，体验男、女不同性别及其不同年龄、情绪和动作的区别。

变化①：（爷爷）半蹲位体前倾，双手背后，缓缓向前迈步 — 左手背于腰后，右手摸着胡须，同时身体稍前倾，向前慢步行进。

变化②：（奶奶）半蹲位体前倾含胸，双手稍屈臂于体侧摆动，缓缓均匀向前迈步 — 步法变得生硬，左手握拳，一边走一边用右手抚摸后腰背，嘴巴呈"地包天"状态。

变化③：（快乐男孩）高抬腿走，前后大甩臂 — 钟摆步左右大甩臂 — 高抬腿走双手胸前击掌。

变化④：（生气女孩）碎步摇晃身体甩手 — 跺步拧身转头 — 高抬腿走，手臂屈肘于眼前，做揉擦眼睛动作（哭的样子）。

以上四个动作以大力水手的姿态展现男人的阳刚之气；以柔和的线条、身段舞姿表现女人的阴柔之美；以低重心含胸的体态和蹒跚的步法体现老人的年龄特征；以欢快的舞步和手舞足蹈的形式表现少年儿童的活泼好动。

第2个模仿练习与第1个模仿练习相比，以动作的变化来体现性别的不同，再加上情绪的融入，使人物的性格特征愈加明显。

（5）创编技法。

性别、性格的变化要注意情感、情绪的融入，即在性别变化的基础上，可任意结合某种情绪和动作进行复合性变化。

（6）创编提示。

①各种人物动作的用力要突出，节奏强弱要明显。

②动态、动力、节奏要有明显区别，显示出各种人物的性格。

10. 综合变化法案例及分析

案例一：《动物快乐秀》，曲五。

（1）音乐《森林音乐会》。

（2）动作元素：动物类模仿性动作。

(3) 练习要求。

在单一动作变化练习的基础上,运用各种方法进行动作的发展变化,学会编一个舞句或舞段。要求动作具有模仿性和儿童舞蹈特点,情绪欢快活泼。

(4) 综合性变化及分析。

①以走秀的形式进行综合性变化训练,加强练习的表演性,培养学生的舞台感和表现力。

②充分利用走秀的形式,在舞台各个区域进行静止的、流动的造型训练,使表演画面具有立体感和动感。

③利用充分的想象力,让各种"动物"活起来,走的走,爬的爬,跑的跑,跳的跳,充分利用三维空间,动作结构和造型丰富多彩。

(5) 创编技法。

综合运用各种变化方法,将元素动作进行重构,组合成一个"词"和"词组",再由"词"和"词组"组合成一个短句,最后由短句组合成复合句,并从元素的需要和可能性出发,从动作的视觉效果流畅、好看出发,充分运用各种变化方法,进行动作编排,使动作组合具有表演性和一定的情感色彩。

(6) 创编提示。

①方法的运用一定要根据元素动作的动势来选择,不能不管适合不适合而运用所有的方法。

②变化方法的安排要合理、层次鲜明。

③注意动作的连接与对比。

 知识与技能拓展

一、舞蹈创编中,时间变化法、空间变化法以及力的变化法概念及其运用

时间是节拍、节奏、秒钟、分钟、小时的计量单位。所谓"时间变化法",即舞蹈动作进行时间上的变化,可以是速度上的变化,有慢速的、中等速度的、快速的、匀速的,速度上还可以交替变化;也可以是强、弱、长、短节奏上的变化。由于动作在时间上的变化让这个动作产生陌生感,所以这个动作就变化了,但它的基本形象没有变。

我们进行时间变化法训练时,在对同一动律或动作进行重复训练时,除了动作本身的要领外,在相应的节拍中完成动作也是很有训练价值的。在同一动律或动作的练习

中，变化不同的节拍，可使学生充分体会动作与节拍的关系，增强在不同节拍中支配身体的适应能力。

舞蹈是在不同的空间运用身体演绎出各种动作形象，使动作不断地变化于空间。舞蹈属于造型艺术，造型艺术又根据空间意识感觉分为运动空间、触觉空间和视觉空间，它们之间相互区别又有联系。舞蹈者主要与运动空间密切联系。运动空间是无形的、立体的，所谓"空间变化法"是指舞蹈者就在这无形的、立体的空间中移动路线，转换位置，表现各种各样的动态形象。动作的空间变化可以是线性空间，如圆线、横线；可以是垂直空间，如从高到低、从躺着到站立；还可以是立体空间。运用空间的变化方法使动作在不同层次的空间里产生新的美感动作形态。空间变化法是舞蹈动作创编的一个重要方法。

在实际运用时，在动作的空间上进行上、下、中的变化，即改变原型动作的一、二、三度空间，使高低关系有所不同。一度空间指除了双脚接触地面外，还有身体的另一个部位也接触地面；二度空间指只有双脚接触地面；三度空间指身体的任何部位都不接触地面。例如：原型动作为地面动作，可以转换成空中或中间动作。

力是动作的力度。它包括两个方面：一方面是指动作力度与情感强度的统一，形成情感倾向。如同一个举手拍对方的动作，狠狠拍下和轻轻拍是完全不同的情感表达。所以力度是构成动作情感倾向的重要因素。另一方面是指动作在运动中的"力效"，它包括力点的爆发、力点的转移、力点的延伸等。力的变化就是改变力的走向，改变力的走向可以是顺力，也可以是借力，可以是延伸式的，也可以是爆发式的。力的发出要考虑到力的连接部位，才能使动作连贯自如、顺理成章。

上述三个变化方法不是独立存在的，是以一个方法为主，同时还要考虑到其他两个因素的综合，这样就能发展出更多的形象动作，衍生出更多舞蹈语言。

二、综合变化表演训练

《春天的芭蕾》，曲六。

（1）音乐3/4拍子。

（2）动作元素：芭蕾手位与舞姿；三拍舞步。

（3）练习要求。

①在芭蕾七个手位的基础上，变化舞姿，以三拍子舞步为主要动律和节奏，在舞台各个区域进行舞姿造型和流动变化，使组合具有表演性。

②根据音乐的结构进行分块表演和整体表演相结合；在分块的基础上进行分组动作接龙，体现出动中有静、静中有动的舞蹈美。

③在相互学习的基础上，丰富表演内容。

课后思考与练习

一、幼儿舞蹈创编的艺术特征是什么？

二、什么是动作元素编舞法？试举一个案例说明其中一个元素编舞法的运用。

三、以"我的小羊"为主题，自选曲目并设立情境，进行情感变化法创编实践。

（一）练习要求

（1）从形象塑造和情感表达出发，要求情感鲜明、准确。

（2）根据情感的需要选择变化方法，不要生搬硬套。

（3）注意情感表达的节奏，因为节奏的变化直接体现情感。

（4）要求时间长度在八个8拍以上。

（二）创编提示

以"小羊"的造型为基本姿态，设立情景，结合小跑步做流动变化，并利用旁腰舞姿以及手臂姿态的变化体现美感；还可以运用旋转、蹦跳表现小羊的活泼与可爱等。

四、结合幼儿常用舞步，以"小鸭戏水"为题，以小组为单位，进行舞蹈创编与表演。

练习要求

（1）设计2～3个动作，小鸭动作形态准确。

（2）有3～4个队形变化。

（3）表演时间为1分钟30秒至2分30秒。

第五章 幼儿舞蹈创编案例及分析

教学任务与目标

通过本章的学习，使学生了解幼儿舞蹈律动、幼儿歌表演、幼儿歌舞、幼儿舞蹈游戏、幼儿集体舞、幼儿即兴舞的创编方法和要点；结合幼儿园艺术教育目标与实际，通过案例分析与实践创作，提高学生的动作分析能力和运用能力，发展学生的创新性思维能力，达到培养创新型、运用型幼儿园艺术教育人才的目的。

第一节 幼儿律动

一、幼儿律动概述

在幼儿园教学活动中，幼儿在音乐或节奏的伴奏下，根据音乐的性质、节拍、速度做有规律的动律性动作，这种由音乐节奏激发感情，同时又把感情变为节奏动作的表现就是"律动"。幼儿律动是幼儿随着音乐的节拍动作的一种歌舞形式。它将各种事物具有的特征和规律，以律动的形式予以提炼、加工，并用形象的音乐加以伴奏，形象鲜明，动律感强，动作单一，富有情趣，其目的是发展幼儿的模仿能力、节奏感，培养孩子的动作协调能力，丰富孩子的想象力，发展孩子的创造力。在幼儿园里几乎每节课的开始、每次的游

戏都有律动存在其中。律动教学是幼儿园艺术教育最主要、最常见的表现形式之一。例如儿歌《刷牙歌》，通过手臂的上下摆动与上身左右转动动作的配合、高抬踏步刷牙动作与身体前倾90°动作的配合，进一步强化孩子的身体姿态感，训练孩子上下身的协调性；同时，通过这个歌表演，让孩子初步了解正确的刷牙方法，鼓励孩子喜爱刷牙，讲究卫生，寓教于乐。

二、幼儿律动创编步骤与方法

（一）明确律动目的

幼儿律动的编排，首先必须有一个明确的目的——或是发展幼儿的模仿能力，或是培养幼儿的节奏感，或是训练幼儿的动作协调性。明确了目的之后，再去选择合适的音乐进行动作创编。如果是为了培养幼儿的节奏感，可编一些走、跑、跳、拍手、转腕、点头、转头等简单而动律感强的动作。如果是为了发展幼儿的形象模仿能力，可模仿劳动、生活类动作，例如扫地、洗衣、摘果子、刷牙、洗脸、敲锣、打鼓、骑马等；还可模仿动植物类动作，例如小树长大、鲜花开放、风吹、雪花飘、细雨以及蜗牛、大象、小熊、小猴子、公鸡、小鸭等，使舞蹈富有趣味性。如果是为了训练幼儿的动作协调性，可将我国的民间舞蹈如秧歌、云南花灯、新疆舞、藏族舞等基本步伐或基本韵律进行练习，这样既可欣赏到我国优美的民族音乐，又可培养幼儿全身体态动律的协调统一。

（二）选择适当音乐

创编幼儿律动舞蹈的目的明确后，就要选择一个既符合舞蹈内容又富有动作性的音乐或歌曲，让孩子们一听到音乐的节奏，就有一种想随乐起舞的冲动。好的音乐或歌曲一定是篇幅短小、乐句方整、好听、顺畅、上口、节奏鲜明、音乐形象突出且富有动作性的。

（三）设计形象化动作

当音乐确定后，就必须根据歌词或音乐的内容，找出所表现事物或动物的最大特征，设计出能刻画人、事、物，突出主题、形象生动鲜明、动律感强的动作。小班的律动一般采用2～3个动作，中班可采用3～4个动作，大班则可采用5～6个动作，注意设计的律动应富有趣味性或游戏性。

（四）根据音乐编排动作

有了形象化的动作后，要根据音乐的节奏、结构来进行动作的连接和编排。在动作的连接中，应突出音乐的强弱，使它层次分明，并遵照人体运动的规律，将动作连接得通顺连贯，易于上手。采用的形式可轻松、自由、丰富多样，队形不拘，可以坐在椅子上，也可以坐在地上，还可以是站着或流动的队形等。总之，要让孩子们感觉就像玩游戏一样。

三、幼儿律动创编案例分析

（一）小班律动课堂案例

《大猫小猫》。

1. 音乐

4/4，曲一。

2. 动作说明

前奏：2×8拍。

准备：后1×8拍，坐在椅子上或跪姿，五指开手型在胸前屈肘，手心朝前，做左右摆动四次，头部随之。

（1）2×8拍。

前1×8拍：①—④手心朝里，五指开做猫咪胡须状，脸前左右分掌两次，头部随之；⑤—⑧手心朝外，双手经脸前上举大分掌向两侧画弧线下落。

后1×8拍：重复前1×8拍的动作。

（2）2×8拍。

前1×8拍：①—④手心朝里，五指开做猫咪胡须状，脸前左右分掌两次，头部随之；⑤—⑧手心朝外，双手在脸前向外画弧线。

后1×8拍：重复前1×8拍的动作。

间奏2×8拍：重复前奏音乐的动作，做八次。

（3）2×8拍。

重复（1）2×8拍的动作。

（4）2×8拍。

重复（2）2×8拍的动作。

3. 案例分析

（1）题材分析：这是一个模仿猫咪的律动练习，非常适合小班的小朋友进行模仿与学习。

（2）音乐分析：这是一首关于大猫小猫的儿歌，以猫咪声音的大小来形象地比喻大猫小猫。歌词四句，简单易懂；旋律简单，一段四个乐句，节奏明朗。

（3）动作分析：以五指开为基本手型，以常用的猫咪胡须形象性动作贯穿始终。表现大猫的声音用"双手经脸前上举大分掌向两侧画弧线下落"来表达；表现小猫时，则将动作幅度缩至最小，让孩子用肢体感受"大"与"小"，加强其对"大"与"小"概念的认识。

（4）创编方法：直接运用最典型的猫的形态动作，采取重复法和大、小对比的方法进行创编。

  4．创编实践

以"小猫"为题，改变动态与动律进行创编练习。可以模仿猫咪爬行动作，也可以用跪姿动作来表现。注意猫的轻盈与优雅。

（二）中班律动课堂案例

《小铁匠》。

  1．音乐

2/4，曲二。

  2．动作说明

前奏：2×8拍＋2×8拍

准备：前2×8拍，坐在椅子上，双手握拳于胸前屈肘，两拳上下重叠，拳心朝里，拳眼朝上，做左右摆头八次。后2×8拍，握拳于右肩前，双肘抬平，两拳前后重叠，拳心朝下，拳眼朝后，做左右摆头八次。

（1）4×8拍。

第1×8拍：①—②双手于胸前，右手在上，握拳敲击左拳拳眼一次；③—④右手在上，握拳敲击左拳拳眼两次；⑤—⑧继续右手在上，握拳敲击左拳拳眼三次，第8拍休止。

第2×8拍：①—②双手向前伸出，右手在上，握拳敲击左拳拳眼一次；③—④双手收回胸前，右手在上，握拳敲击左拳拳眼一次；⑤—⑧继续右手在上，握拳敲击左拳拳眼三次，第8拍休止。

第3×8拍：①—②右手经右后方向上抡起锤子，同时左手握拳向前平伸，拳眼朝上；③—④右手握拳敲击左拳拳眼；⑤—⑧重复①—④的动作。

第4×8拍：①—④双手握拳收回胸前；⑤—⑧右手经旁至头顶托掌。

（2）4×8拍（念白）。

重复（1）4×8拍的动作。

间奏2×8拍＋2×8拍：重复前奏动作，但左手在上，两拳相叠。

（3）4×8拍。

重复（1）4×8拍的动作，但以左手为主要动作。

（4）4×8拍。

重复（2）4×8拍的动作，但以左手为主要动作。

（5）4×8拍。

重复（1）4×8拍的动作，但以左手为主要动作。

（6）2×8拍。

重复（2）4×8拍的后2×8拍的动作。

尾奏1×8拍：①—④双手胸前击掌三次；⑤—⑧双手经旁至头顶双托掌，造型亮相，结束。

3. 案例分析

（1）题材分析：这是一个模仿劳动生活的律动练习，非常适合中、大班的小朋友进行模仿与学习，让他们体验旧时期打铁的动作。

（2）音乐分析：这是一首关于"打铁"的儿歌。歌词四句，完全儿童口语化，旋律简单，多次反复，并"打"出一把把"小镰刀"。

（3）动作分析：以握拳为基本手型，以两拳敲击象征"打铁"的形象性，体现力的美感，同时表现一种劳动的快乐。通过敲击动作幅度的大与小，让孩子感受力量的"大"与"小"。

（4）创编方法：采取了重复法和大、小对比的方法进行动作创编和表演。

4. 创编实践

以"我的小鼓咚咚咚"为题，改变动作节奏和动作方向进行创编练习。可以放慢节奏，也可以加快节奏；既可以对3点"击鼓"，也可以对7点做动作，还可以两人一组，面对面进行"击鼓"练习。

（三）大班律动课堂案例

《一只小老鼠》。

1. 音乐

2/4，曲三。

2. 动作说明

前奏：1×8拍

准备：全体面对1点站立，半蹲，双手放于体前，屈肘垂肘，两手相靠屈腕，食指与拇指捻拢，身体稍前倾。

（1）2×8拍。

前1×8拍：①—④身体自左往右转动，同时，双手抬高靠近下巴，食指与拇指做上下开合（微小的动作），象征小老鼠嘴巴在不停地吃东西；⑤—⑧同①—④，方向相反，动作对称。

后1×8拍：①—④身体前倾，手型成五指开，手心朝外，双手在脸前向外画弧线；⑤—⑧五指开屈指呈猫爪，两手交替向前做"抓"捕动作三次（右、左、右），同时，双膝随之做上下颤动。

间奏1×8拍：①—④保持右手在前，左手在后，身体前倾，向右碎步转一圈；⑤—⑧同①—④，方向相反，动作对称。

（2）2×8拍。

前1×8拍：①—④从左前方至右前方做小碎步，上肢体态与动作不变；⑤—⑧原路线

返回，上肢体态与动作不变。

后1×8拍：①—④右脚向1点上步，身体前倾，手型成五指开，手心朝外，双手在脸前向外画弧线；⑤—⑧左脚起，向2点走三大步，同时，五指开屈指呈猫爪，两手交替向2点做"抓"捕动作三次（右、左、右）。

（3）"喵——"。

①—④身体前倾，手型成五指开，手心朝里，双手在脸前交叉后拉开，做猫咪摸胡须状。

3．案例分析

（1）题材分析：这是一个模仿小猫和老鼠的律动练习，有角色扮演感。既表现小老鼠的偷吃习性，又表现猫的机智和勇猛，适合大班的小朋友进行模仿与学习。

（2）音乐分析：音乐以儿歌的形式呈现。歌词仅仅两句，旋律非常简单，第二段完全重复第一段的旋律和歌词。

（3）动作分析：以"五指撮"与"五指开"为基本手型来表现小猫与老鼠的形象。通过老鼠与小猫的基本体态与动态表现，加上眼神表演，显示出小动物的机灵、可爱。歌曲虽然第一段与第二段重复，但动作设计上进行了处理，第一段以上肢动作为主，第二段则加上了步法以及动作方向的改变，显得更加形象生动。

（4）创编方法：抓住猫与老鼠的典型特征，采取对称和非对称手法进行创编，使简单的律动变得丰富多彩。

4．创编实践

根据以上案例提示，以"小兔子乖乖"为题，设立"大灰狼"和"小兔子"两个角色，进行律动创编。

第二节　幼儿歌表演

一、幼儿歌表演概述

歌表演顾名思义，既有"唱"又有"表演"，小型、多样，生动活泼。它将幼儿歌曲和舞蹈融为一体，以唱为主，以舞蹈为辅，边唱歌边舞动肢体。它符合幼儿的心理特征和兴趣爱好，是一种深受幼儿喜爱的初级歌舞形式。幼儿在演唱歌曲时，根据歌曲的内容配以简单的动作，可以充分抒发幼儿的生活情趣，广泛表现幼儿生活内容，培养幼儿歌唱与动作表演的和谐一致性。

歌表演在幼儿园教学中是必不可少的一环，孩子学会的不只是一些歌曲、动作，更可贵的是他们之间互相学习、互相借鉴、共同进步。孩子们在自唱、自舞、自娱、自乐的同时，既能培养音乐节奏感与动作表现力，又能锻炼想象力、创造力、表演力，丰富情感，形成良好的音乐素质，为学习表演性舞蹈打下基础。例如：歌表演《花儿开》，主要是以扛锹、蝶儿飞和花儿开等动作组合而成。例如：第一句"小锹扛起来"动作设计为轻轻地左右蹦跳，双手半握拳于肩前；第四句"小朋友们盼呀，盼呀盼花开"动作设计为正步位站立，双手上举，手背相靠，兰花手，似花开状，然后双手分开成顺风旗位，眼睛看右（左）下方，盼花开的样子；第六句"走近一看眼前呀，花已开"向前一小步，同时双手向前平推手打开，体前倾"看花"，然后身体后靠，双手兰花手，手腕相靠于下巴下面，似花开状；第七句"蝶儿跳起舞，蜂儿把蜜采"做两臂上下波浪、蝴蝶飞舞的样子。这是一个中班的歌表演，动作设计以上肢动作为主，避免过多的移动而影响歌唱，而且动作设计简单、形象，易于小朋友掌握。通过歌表演《花儿开》的练习，培养孩子热爱劳动、热爱生活的美好情操。

二、幼儿歌表演创编步骤与方法

（一）选定歌曲

幼儿歌表演的创编首先必须选择一首节奏感强、旋律优美、篇幅短小、乐句方整、音域不宽且富有童趣和动感的歌曲，并且歌词应简单上口、便于记忆、符合幼儿的年龄特点并使幼儿感兴趣。

（二）设计主要形象的动作

歌表演的特点是以唱为主，以舞为辅。所以在设计动作之前首先应将歌曲反复唱熟，并根据歌词的主题意义来设计形象性的动作，突出主题，形象鲜明，并具有风格特点。做到以歌为主，动作随之，风格完整统一。

（三）根据歌曲结构编排动作

根据歌表演以唱为主的特点，在设计动作连接时，队形变化可有可无。若有队形变化，则在步伐的起伏上，动作幅度都不宜过大，否则就会影响歌唱而造成喧宾夺主。同时，舞蹈动作结构设计要简单分明，节奏的强弱要清晰，在求以平稳为主的同时体现动作的连贯流畅和统一，用生动形象的动作来完美地表达歌曲的风格和主题。

（四）有表情地演唱和表演歌曲

歌表演是边歌边舞，一定要带有情感地进行表演。当合着音乐歌唱表演时，若动作影响到歌唱，则必须简化动作，以体现以歌为主、以舞为辅的特点。

三、幼儿歌表演案例及分析

（一）小班歌表演课堂案例

《表情歌》。

1. 音乐

2/4，曲四。

2. 动作说明

前奏：1×8拍。

准备：全体同学坐在椅子上或地上盘腿坐，双手叉腰。

（1）1×8拍+1×4拍。

前1×8拍，左右摆头四次；后4拍，双手胸前击掌五次，击掌节奏为××××× |。

（2）1×4拍+1×4拍。

前1×4拍，双手胸前击掌两次，击掌节奏为× 0 × 0 |；后1×4拍，双手胸前击掌五次，击掌节奏为×××× |。

（3）1×6拍+1×4拍。

前1×6拍，①—②双手前推掌，直臂，手心朝前，五指张开；③—④双手搭肩位；⑤—⑥双手前推至①—②的动作。后1×4拍，双手胸前击掌五次，击掌节奏为××××× |。

间奏：1×8拍，保持双手相击的姿势，左右摆头四次。

（4）1×8拍+1×4拍。

前1×8拍，双手叉腰，同时左右摆头四次；后1×4拍，双手胸前击掌五次，击掌节奏为××××× |。

（5）1×4拍+1×4拍。

前1×4拍，双手胸前击掌两次，击掌节奏为×0×0 |；后1×4拍，双手胸前击掌五次，击掌节奏为×××× |。

（6）1×6拍+1×4拍。

前1×6拍，①—②双手前推掌，直臂，手心朝前，五指张开；③—④双手搭肩位；⑤—⑥双手前推至①—②的动作。后1×4拍，双手胸前击掌五次，击掌节奏为××××× |。

3. 案例分析

（1）题材分析：这是一个以不同节奏的拍手动作来辅助歌表演的练习，以此表达小朋友快乐的心情，适合小班的小朋友进行歌表演。

（2）音乐分析：这是一首2/4拍子的音乐。歌词内容简单明了："我高兴我高兴，我就拍拍手，我就拍拍手，看大家一起拍拍手！"音乐节奏明快、旋律活泼，表达了小朋友单纯、高兴的心情。

（3）动作分析：以击掌为主要元素动作，并根据音乐的内容（击掌节奏）提示，安排击掌动作，使动作与音乐相呼应，达到渲染情绪的作用。

（4）创编方法：运用动作元素编舞法，以节奏变化为主。其中动作节奏有两拍一动，有一拍一动，也有一拍两动。

4. 创编实践

根据以上创编方法，改变动律，将击掌动作改为跺脚动作。

（二）中班歌表演课堂案例

《花儿开》。

1. 音乐

2/4，曲五。

2. 动作说明

前奏2×8拍：

前1×8拍，小八字位站立，双手旁按手准备。

后1×8拍，左右摆头，两拍一次，摆四次。

第一段：4×8拍。

第1×8拍："小锹扛起来，小桶提起来。"

①—④双手握拳做扛铁锹状，同时左、右蹦跳步；⑤—⑧双手旁按手做提桶的动作，同时做左、右蹦跳步。

第2×8拍："小朋友们把花苗，园中栽。"

①—②双脚立踵，同时双手上举，手背相靠，兰花指成花状；③—④右手下落，双臂成顺风旗手位，右手侧举，同时看右下方；⑤—⑧重复①—④的动作，但方向相反，动作对称。

第3×8拍："你刚填上土，我也浇水来。"

①—②经正步位半蹲，双手经右前下方，似铲土状；③—④双手扛起铁锹至右肩上；⑤—⑧重复①—④的动作，但方向相反，动作对称。

第4×8拍："小朋友们盼呀，盼呀盼花开。"

重复第2×8拍的动作。

间奏2×8拍：

前1×8拍，保持顺风旗手位，双脚立踵，原地右转360°。

后1×8拍，双手旁按手准备，左右摆头，两拍一次，摆四次。

第二段：5×8拍+1×2拍。

第1×8拍："蝶儿飞过来，蜂儿飞过来。"

①—④向右小碎步，做两臂侧举位波浪一次，似蝶儿飞舞；⑤—⑧重复①—④的动

作,但方向相反,动作对称。

第2×8拍:"走近一看眼前呀,花已开。"

①—④向前一小步,同时双手向前平推手打开,体前倾"看花";⑤—⑥身体后靠,双手兰花手,手腕相靠于下巴下面,似花开状;⑦—⑧上肢动作不变,身体前倾,塌腰。

第3×8拍:"蝶儿跳起舞,蜂儿把蜜采。"

重复第1×8拍的动作。

第4×8拍:"小朋友们啊乐呀,乐呀乐开怀!"

①—②正步位双立踵,双手经两旁向上斜托掌;③—④双手兰花手,手腕相靠于下巴下面,似乐开了花;⑤—⑧重复①—④的动作。

第5×8拍+1×2拍(结束句):"乐——呀!乐开——怀——!"

①—④双手兰花手,手腕相靠于下巴下面,原地碎步右转360°;⑤—⑥正步位双立踵,双手经两旁向上斜托掌;⑦—⑧双手兰花手,手腕相靠于下巴下面,似乐开了花!最后2拍双手向上斜托掌,抬头挺胸,结束。

3. 案例分析

(1)题材分析:这是一个以"花"为题的歌表演。歌词内容符合孩子的心理特征,表达了小朋友热爱劳动、喜欢美好事物的情感。

(2)音乐分析:这是一首2/4拍子的音乐。音乐节奏明快、旋律活泼,歌曲朗朗上口,富有生活气息。歌曲为两段,内容涵盖种花和赏花两个层面,较好地表达了孩子爱花的情结。

(3)动作分析:动作设计以"两臂上下波浪"和"双手兰花手形成的花朵"为主要动作,象征蝴蝶和花,主要发展孩子上肢的动作能力。

(4)创编方法:运用对称平衡和重复的手法进行动作创编。

4. 创编实践

根据动作元素编舞法,改变动律和动态,进行歌表演《春天》创编并有表情地表演。

(三)大班歌表演课堂案例

《金色太阳》。

1. 音乐

2/4,曲六。

2. 动作说明

前奏2×8拍:

前1×8拍,小八字位站立,双手叉腰。

后1×8拍,左右摆头,两拍一次,摆四次。

(1)2×8拍。

第1×8拍:"金色太阳在哪里?它不在这里。"

①—②双手叉腰手位，左脚向8点上步移重心，右脚旁点地，抬头看8点上方；③—④重复①—②的动作，但方向相反，动作对称；⑤—⑧身体对1点，双手在头上方左右摆手（小臂交叉和分开斜上举），做两次，手心朝前，同时胯部左右摆动配合，一拍一动。

第2×8拍："金色太阳在哪里？这里这里在这里！"

①—④双手"太阳"手位，左右转腰，对7点和3点各一次，边转腰边看上方的"太阳"，同时半蹲屈膝两次配合；⑤—⑥身体对1点，双手在头上方做"太阳"手位，仰身抬头看正上方，再身体还原正直，眼看正前方，同时双腿配合屈膝两次；⑦—⑧重复一遍⑤—⑥的动作。

间奏2×8拍：

前1×8拍，双手叉腰，左右移动重心四次（先向左移动）。

后1×8拍，双脚立踵，向左原地碎步转360°。

（2）2×8拍。

重复（1）2×8拍的动作。

间奏2×8拍：

前1×8拍，双手叉腰，左右移动重心四次（先向右移动）。

后1×8拍，双脚立踵，向右原地碎步转360°。

（3）2×8拍。

第1×8拍："金色太阳在哪里？它不在这里。"

①—②双手叉腰手位，左脚向8点上步移重心，右脚旁点地，抬头看8点上方；③—④重复①—②的动作，但方向相反，动作对称；⑤—⑧身体对1点，双手在头上方左右摆手（小臂交叉和分开斜上举），做两次，手心朝前，同时胯部左右摆动配合，一拍一动。

第2×8拍："金色太阳在哪里？这里这里在这里！"

①—④双手"太阳"手位，左右转腰，对7点和3点各一次，边转腰边看上方的"太阳"，同时半蹲屈膝两次配合；⑤—⑧身体对1点，左手叉腰，右手上举单指，在头部上方左右摆动四次，同时头和胯部左右配合摆动。

间奏2×8拍：

前1×8拍，左手叉腰，右手上举，单指，小跑步向6点，背对1点，指向天空，左右移动重心两次。

后1×8拍，再小跑步向2点，面对1点，指向天空，左右移动重心两次。

（4）2×8拍。

重复（3）2×8拍的动作。

尾奏1×8拍：经半蹲，双臂经体前交叉成双臂斜上举，抬头挺胸，仰望天空，结束。

3. 案例分析

（1）题材分析：这是一个以大自然为题材的歌表演。歌词简洁，内容为"一问一答"，孩子自娱自乐地歌唱表演，能激发其歌唱的兴趣。

（2）音乐分析：这是一首4/4拍子的音乐。音乐歌唱与念白结合，四句一问一答，不断反复。口语式歌唱，贴近幼儿生活。

（3）动作分析：动作设计以"太阳"手位、"转腰"和"膝盖屈伸"为主要动作，间奏音乐加入了方位变化，可发展孩子的空间感受能力，以及他们腰部与膝盖动作的灵活性。

（4）创编方法：运用对称、重复和空间变化的手法进行组合创编。

4. 创编实践

根据动作元素编舞法之方向变化法进行《我爱我的幼儿园》歌表演创编并有表情地表演。要求动作简单。

第三节 幼儿歌舞

一、幼儿歌舞概述

幼儿歌舞是幼儿在歌曲的演唱中配以简单形象的动作和舞姿造型，它与歌表演不同的是，表演时有小范围的舞台调度，突出主题的道具、布景，以丰富的情感载歌载舞。它是综合了幼儿歌、舞、说、唱活动的又一表现形式。歌舞表演动作易学易记，按照歌词的内容、音乐的节奏特点来构思动作并进行发展。队形变化简单，表演人数可多可少。它既能培养孩子的观察力、模仿力，又能强化孩子的记忆、理解和表现力。例如，幼儿歌舞表演《勤劳的小蜜蜂》，通过小臂的抖动和舞姿模仿小蜜蜂（观察与模仿），加上一些队形变化，表现小蜜蜂飞舞花间勤劳采蜜的情景。中间还穿插一段rap，融入时代元素，孩子们随着节奏边唱边说边跳（记忆歌词），热情高涨，体验采蜜过程带来的快乐；同时，培养孩子热爱劳动的好习惯，学习小蜜蜂不怕辛苦、不怕困难的精神。又如幼儿歌舞表演《小螺号》，运用简单的单横排、双横排以及两排对换的队形变化，强化孩子的队形和方位意识；通过手部小螺号的模拟动作，初步引导孩子做生动形象的拟物表演，同时给予孩子一些舞台表演的常识（如上场的方位，观众的意识）；通过大量的后踢小腿的动作，增强孩子小腿肌肉的力量；通过《小螺号》的学习，激发孩子对大海的向往（想象力培养），了解大自然与人的密切关系。

二、幼儿歌舞创编步骤与方法

（一）选定歌曲

幼儿歌舞的创编首先必须选择符合幼儿身心特点、反映幼儿情趣内容的歌曲。音乐节奏感强、旋律优美、音域不宽、富有动感，并且歌词应简单上口、便于记忆。

（二）设计符合主题的动作

歌舞表演的特点是亦歌亦舞，所以在设计动作之前首先应明确主题，并根据歌词的主题意义来设计形象的动作，突出主题，形象鲜明，并具有风格特点；同时，可在主要动作的基础上进行动作发展，派生出新的简单动作，做到随歌起舞、风格统一。

（三）根据歌曲构思简单的队形

根据歌舞表演的主题内容，设计相应的队形。队形的变化要简单流畅；同时，舞蹈段落应分明，层次清晰；在动作连接时，体现动作的优美顺畅、连贯统一，形象要生动鲜明，以舞来渲染歌曲的主题和气氛。

（四）结合说唱艺术以丰富歌舞表演内涵

歌舞表演是一种综合的艺术。有时需要以唱为主，舞蹈随之；有时可能以舞为主，中间穿插歌曲演唱部分，或者有说（念白儿歌）于表演中，这样更利于幼儿情感的表达，结合说唱能更好地丰富歌舞表演的内涵。

三、幼儿歌舞表演案例分析

（一）小班歌舞表演课堂案例

《春天好》。

1．音乐

3/4，曲七。

2．动作说明（以12人为例）

前奏：引子音乐＋2×3拍。

全体6人一队，成两路纵队，面向1点，双腿跪坐，双手放于膝盖两侧。体前倾俯身于双腿，低头。后2×3拍，抬头起身，同时双臂经两旁至斜上举，手心朝外。

（1）4×3拍＋4×3拍。

前4×3拍：1×③双臂经两侧下落；2×③两手经体前屈肘提腕，手心相靠至"花儿"手型托于下巴；3×③右脚起，成双脚并立，同时两手经脸前屈肘提腕至上举，手心相

对,与肩同宽;4×③双臂经两侧下落至侧平举,手心朝上。

后4×3拍:1×③双臂在侧平举位上做一次手臂波浪;2×③两队转向内,成两人面对面,同时,两手经体前向后摆至斜下举抖手腕,同时身体前倾,半蹲抬头撅臀;3×③两队转向1点,同时两手经脸前屈肘提腕至上举,手心相对,与肩同宽;4×③双臂经两侧下落至侧平举,手心朝上。

间奏4×3拍+4×3拍:双臂做蝴蝶飞飞动作,以二龙吐须队形流动成两横排。最后2小节时前排的成双腿跪立,双臂成斜上举,后排站立着,双臂成斜上举。

（2）4×3拍+4×3拍（歌词:重复（1）的歌词）。

前4×3拍:1×③双臂经两侧下落;2×③两手经体前屈肘提腕,手心相靠至"花儿"手型托于下巴;3×③右脚起,成双脚并立,同时两手经脸前屈肘提腕至上举,手心相对,与肩同宽;4×③双臂经两侧下落至侧平举,手心朝上。

后4×3拍:跪坐者,双手托下巴保持花儿手型,左右摆头四次,同时后排对应的人绕前排跪坐者一圈（逆时针方向）做碎步蝴蝶飞飞,回到原位。

尾奏4×3拍+4×3拍+4×3拍+4×3拍:前8×3拍,以前排左侧最边上的孩子为头,向左后方向小碎步做蝴蝶飞飞动作,接在后排的最左边的孩子后面;同时,后排最右边的孩子接在前排最右边的孩子后面,做小碎步蝴蝶飞飞动作,形成流动的队形。后8×3拍,队形流动不停,所有孩子双手放于体后斜下方抖手,手心向里,身体稍向前倾,似小鸟拍打翅膀。带头的孩子领着队伍向舞台右侧退下,结束。

3. 案例分析

（1）题材分析:这是一个以春天为题材的歌舞表演。春天万物苏醒,鸟语花香,蝴蝶飞舞,处处充满着春的气息。这大自然的美景会吸引孩子们,是孩子们乐于表现的好题材。

（2）音乐分析:这是一首3/4拍子的音乐。歌词简单、淳朴,孩子们易懂好学。"春天到了,花儿开了,春天真正好;蝴蝶飞飞,鸟儿叫叫,春天真正好。"音乐旋律简单优美。

（3）动作分析:对于小班的动作设计,以"花儿"手型和"蝴蝶飞飞"为主要动作,同时运用"小碎步"进行队形变化,编排了3~4个简单的、常用的队形,让孩子们体验身体在空间的变化,发展孩子们的空间感知能力以及和同伴相互配合的意识。

（4）创编方法:运用重复、对比和空间变化的手法进行歌舞表演创编。

4. 创编实践

编排歌舞表演《鱼儿水中游》。

（二）中班歌舞表演课堂案例

《小孔雀》。

1. 音乐

2/4,曲八。

2．动作说明（以12人为例）

前奏：1×8拍。

准备：6人一纵队，站成两路纵队。

①—④双手孔雀手"嘴型"，两臂斜下举原地小碎步；⑤—⑧向左原地碎步转360°，回到1点。

（1）4×8拍。

第1×8拍：①—④左手提裙侧举，右手孔雀手"嘴型"屈肘，嘴尖对着头部，眼看2点上方，同时双腿屈膝颤动四次；⑤—⑧重复①—④的动作，但方向相反，动作对称。

第2×8拍：①—④左手孔雀手"嘴型"屈肘，嘴尖对着头部，以腰部转动带动右手在体前与体侧来回摆动四次，先左转后右转，同时双腿屈膝颤动四次；⑤—⑧左手位置不变，右手侧举，向左转原地碎步360°。

第3×8拍：①—④向前碎步移动，双合翅接平展翅；⑤—⑧左右两队向里成面对面，双合翅后成后斜下举，体前倾抖翅。

第4×8拍：碎步调整队形成圆圈，同时双合翅后平展翅，做两次。

间奏1×8拍：①—②双臂上举，与肩同宽，孔雀手"嘴型"，手心朝下，同时原地双立踵提腕于头顶上方；③—④半蹲体前倾，同时双臂向后斜下举，压腕，眼看圆心方向；⑤—⑧重复一遍①—④的动作。

（2）4×8拍。

第1×8拍：①—④身体转向自己的左前方向，右手"嘴型"向8点上方慢慢撩出，手心朝上，左手"嘴型"直臂伸于右后下方，同时双腿屈膝颤动四次；⑤—⑧身体转向自己右前方向，左手向2点上方慢慢撩出，手心朝上，右手"嘴型"屈肘收于胸前，贴放于左大臂上方，眼看右上方，同时双腿屈膝颤动四次。

第2×8拍：①—④碎步变成双圆圈队形，即双数者往里走，背对圆心，同时双合翅接平展翅动作；⑤—⑧两人面对面，重复双合翅接平展翅动作。

第3×8拍：①—④左丁字位"三道弯"颤膝四次，同时左手放于胯旁，右手经体前下方自左向右上方画弧摆动成孔雀昂头舞姿，眼看右前上方；⑤—⑧保持舞姿，向右边碎步自转360°。

第4×8拍：①—④左、右丁字位"三道弯"交替，同时双合翅与平展翅交替重心起伏四次，同时头随着身体起伏倾倒。⑤—⑧平展翅向左自转360°。

结尾1×8拍：身体队形集中收紧成一个扇形，正面对1点，似孔雀开屏。最前面一位和站在中线上的孩子，动作为双手胸前交叉，"嘴型"，手心朝里。中线左侧的孩子，右手"嘴型"屈肘于胸前，手心朝下，左手左斜上举，左手"嘴型"，手心朝上，身体和头部向左侧稍倾。中线右侧的孩子，与中线左侧的孩子动作对称，结束。

3．案例分析

（1）题材分析：这是一个以动物"孔雀"为题材的歌舞表演。孔雀有美丽的外衣和

漂亮的身形,孩子们无不被深深吸引。让孩子们体验傣家风情和舞蹈动律特点,可使孩子们对少数民族舞蹈有所体验与了解,开阔眼界,增长知识与技能。

(2)音乐分析:这是一首2/4拍子的音乐。歌词简单明了且有意境感。"小孔雀,笑眯眯,逛树林,多欢喜;抖抖翅膀点点水,湖面当成镜子照。小孔雀,轻轻叫,雪白羽毛金光照;脖子长长尾巴翘,展翅开屏多美妙!"音乐旋律优美。

(3)动作分析:中班的动作设计相对于小班会丰富多彩一点,以孔雀的"嘴型"手型、"双合翅"和"平展翅"为主要动作,突出动作形象化;同时运用"三道弯"典型舞姿造型,在发展动作协调性的同时让孩子感受傣族舞蹈的魅力。编排符合舞蹈意境的队形,并增加双人面对面动作,可培养孩子们与同伴相互合作的意识。

(4)创编方法:运用对称、动作发展和空间变化的手法进行歌舞表演创编。

4. 创编实践

根据以上案例方法,编排歌舞表演《报春》,要求动作形象化,队形有画面感,并在适当处随歌曲演唱。

(三)大班歌舞课堂案例

《玩具恰恰恰》。

1. 音乐

2/4,曲十。

2. 动作说明(以16人为例)

前奏:4×8拍。

准备:8人一组,面向场内,前后搭肩而站。站在舞台侧幕左右候场,两队面对面。

第1×8拍:①—④搭肩小跑步向前行进;⑤—⑧在原地左右摆胯三次(左、右、左)。

第2×8拍:重复第1×8拍的动作。

第3×8拍:重复第1×8拍的动作。最后两拍,做蹦跳转向1点,两队形成重叠,成两横排。

第4×8拍:①—④全体面向1点,各自双手屈肘搭肩,平抬胳膊,小跑步向前行进;⑤—⑧在原地左右摆胯三次(左、右、左)。

第一段:

(1)4×8拍。

第1×8拍:"天上的星星一闪一闪亮。"

①—④左手叉腰,右手上举单指手型,同时左右摆胯两次(先右后左),头部随之摆动;⑤—⑧重复①—④的动作,但摆胯三次。

第2×8拍:"人们都呼噜呼噜进入梦乡。"

①—④正步位半蹲,双手合十放于左脸前,似睡觉状;⑤—⑧上肢动作不变,向右转

原地碎步360°。

第3×8拍："玩具们一个个都去往学校。"

①—⑧向前碎步移动，双手五指开放于头部两侧。

第4×8拍："又跳舞又唱歌，恰恰恰！"

①—②向左蹦跳步，同时左手并指扶胯（叉腰），右手并指掌屈肘放于头部右上方，手心朝下，头部随之左倾；③—④向右蹦跳步，同时右手虎口掌屈肘放于头部右脸侧，似唱歌状，头部随之右倾，眼看8点上方；⑤—⑧左右连续摆胯六次，眼看1点。

（2）2×8拍："玩具跳舞恰恰恰，玩具跳舞恰恰恰，恰恰恰玩具跳舞，恰——恰——恰！"

前1×8拍：①—②向左蹦跳步，同时右手并指于左胸前屈肘，手心朝下，左手并指掌屈肘放于头部左上前方（左眉毛上的位置），手心朝下，头部随之左倾；③—④向右蹦跳步，做对称动作；⑤—⑧重复①—④的动作。

后1×8拍：①—④双手屈肘于胸前，并指，指尖相对，手心朝下，同时正步位半蹲左右快速摆胯七次；⑤—⑧左右蹦跳摆胯各一次，头部随胯方向摆动。

间奏4×8拍：重复前奏时的动作，但两人一组，前后搭肩做，边做边变队形。最后1×4拍，两人成一对，左右面对面，四对形成一横排，第二排的四对插空站位。

第二段：

（1）4×8拍。

第1×8拍："今天是玩具们的快乐节日。"

①—④两人面对面，屈臂手掌相贴；⑤—⑧交替推手三次（右、左、右），头部随之摆动。

第2×8拍："大家都欢欢喜喜，乐呀乐哈哈！"

①—④两人同时向1点转360°，再成面对面；⑤—⑧交替推手三次（右、左、右），头部随之摆动。

第3×8拍："小羊羔咩咩咩，小猫喵喵喵。"

①—④两人面对面双手放于头上，做小羊的形态动作，同时双膝稍屈快速摆胯；⑤—⑧双手放于脸前做小猫咪的形态，同时双膝稍屈快速摆胯。

第4×8拍："小白兔摇摇尾巴，恰恰恰！"

①—④两人蹦跳成面向1点，同时双手放于头上成剪刀手（兔子耳朵）；⑤—⑧上肢形态不变，屈膝半蹲，左右摆胯三次（左、右、左）。

（2）2×8拍："玩具跳舞恰恰恰，玩具跳舞恰恰恰，恰恰恰玩具跳舞，恰——恰——恰！"

重复第一段（2）2×8拍的动作。

尾奏1×8拍：①—④屈膝半蹲，双臂屈肘肩侧五指开，左右摆胯摆头四次；⑤—⑥上肢动作不变，屈膝半蹲，快速左右摆胯；⑦—⑧自由摆出各种动物的造型。

3. 案例分析

（1）题材分析："玩具"是幼儿生活中不可或缺的朋友。此题材作为幼儿歌舞表演的内容是幼儿生活的再现。"恰恰"源自拉丁舞的元素动作，以胯部律动为主要动作特点，加上"小羊""小猫""小兔"的形象化肢体语言，歌舞生动有趣，并具有时代感。

（2）音乐分析：这是一首2/4拍子的音乐。音乐分为两段：第一段与第二段旋律重复，歌词有别。音乐旋律优美动听、活泼欢快、极富动感、可舞性强。

（3）动作分析：动作设计抓住"恰恰"的典型律动特征，摆胯和蹦跳相结合，时尚和童趣化互相辉映。在舞蹈中安排一定的队形变化和双人互动动作，并模仿歌曲中的动物形象，可使歌舞更加生动有趣。

（4）创编方法：运用动作派生化、动作短句法和重复变化的手法进行歌舞表演创编。

4. 创编实践

根据以上案例方法，编排歌舞表演《黑猫警长》，要求动作形象化，有适当队形。注意将情绪与动作有机地结合起来。

第四节　幼儿舞蹈游戏

一、幼儿舞蹈游戏概述

幼儿舞蹈游戏是以发展幼儿音乐能力和动作反应能力为目的的游戏活动。它是在音乐或乐曲的伴奏下，按音乐的歌词内容、曲调性质、节奏特点、结构特性等要求，按照一定的规则和动作要求所进行的舞蹈游戏。它包括：竞技性舞蹈游戏、创造性舞蹈游戏、模仿性舞蹈游戏和趣味性舞蹈游戏。幼儿舞蹈游戏体现了幼儿的年龄特点，采用游戏进行音乐舞蹈活动，不仅能满足幼儿的心理需求，激发兴趣，还能使幼儿在游戏过程中感知音乐，既能提高辨别音乐性质的能力和音乐感受力，又能发展幼儿的身体动作反应能力，陶冶幼儿的情操，促进幼儿身心健康和谐地发展。如幼儿舞蹈游戏《老鹰抓小鸡》，全体小朋友在音乐中捕捉肢体动律，在老师的提示下，创造形象的动作，并按照游戏规则实施游戏过程。整个过程有统一的动律练习，有故事的情景展现。特别是当老鹰企图抓住小鸡，母鸡奋力保护时，随着音乐的起伏不定，无论是鸡妈妈还是小鸡或者老鹰，都要随着音乐的变化和队形的变化见机行事，快速地做出反应。而后当群鸡打败老鹰时，群舞的动作变换和配合，都在训练孩子对音乐的感受和对动作的反应。所以，幼儿舞蹈游戏能很好地培养幼儿的注意力和反应能力。

总之，幼儿舞蹈游戏是一种综合性较强的活动。它是一种"愉快教育"的形式，必须符合"幼儿可接受性原则"。各类舞蹈游戏都应注重情节的趣味性、内容的新颖性和规则的简单性，才能吸引更多的幼儿参加。

二、幼儿舞蹈游戏的创编步骤与方法

（一）确定主题、内容和形式

幼儿舞蹈游戏形式多样，精彩纷呈。大多是有主题、有角色、有情节的，但也有的是无主题、无角色、无情节的。在创编幼儿舞蹈游戏之前，首先应将内容和形式确定下来，以此为依据来选择舞蹈游戏的歌曲或乐曲。

（二）根据内容选择音乐

幼儿舞蹈游戏一般是由歌曲或乐曲来伴奏。选择的乐曲或歌曲首先应与内容相符，力求节奏鲜明、对比性强、段落清楚、富有动感。最理想的是选用游戏性歌曲，让幼儿边唱边玩边跳，让活动富有童趣童乐，寓教于乐。

（三）设计游戏的动作与队形变化

幼儿舞蹈游戏的动作设计不宜过多过难，其重点应放在刻画角色性格和角色之间的情感交流上。同时，力求动作形象直观、富有趣味性；要善于将幼儿日常生活的素材加以提炼，多采用拟人化的动物动作，以增强幼儿对游戏的兴趣。舞蹈游戏的队形变化应根据内容形式的发展设定，一般采用圆圈队形较多。

（四）设计舞蹈游戏规则

有游戏就有规则。幼儿舞蹈游戏规则的设计应简单明了，既要让孩子能明白，更要便于操作，特别是竞技性舞蹈游戏更是如此。

三、幼儿舞蹈游戏案例分析

（一）模仿性舞蹈游戏课堂案例

《五只小青蛙》。

● 歌词内容：

五只小青蛙站在池塘边，抓虫子做美餐，嗯——！一只小青蛙跳进池塘里，还剩下四只小青蛙。呱呱！

四只小青蛙站在池塘边，抓虫子做美餐，嗯——！一只小青蛙跳进池塘里，还剩下三只小青蛙。呱呱！

三只小青蛙站在池塘边，抓虫子做美餐，嗯——！一只小青蛙跳进池塘里，还剩下两只小青蛙。呱呱！

两只小青蛙站在池塘边，抓虫子做美餐，嗯——！一只小青蛙跳进池塘里，还剩下一只小青蛙。呱呱！

一只小青蛙站在池塘边，抓虫子做美餐，嗯——！五只小青蛙跳进池塘里，青蛙都回家找妈妈。

● 游戏主题：

"小青蛙抓虫子，看谁最最棒！"

● 游戏前准备：

画一个直径4～5米的圆。直径为20厘米的标志牌（或奖牌）五个。游戏角色为一只青蛙妈妈和五只小青蛙。

● 游戏做法与规则：

青蛙妈妈在家等着青蛙宝宝捉虫子，依次回家。"看谁最最棒！"青蛙宝宝根据歌词内容和音乐节奏，通过青蛙妈妈举标志牌（或奖牌）提示，在池塘边和池塘里两种情况下做出不同的规定动作。圈内和圈外青蛙不能互相干扰动作。青蛙宝宝所做的动作和青蛙妈妈的提示牌相对应，并有序地完成规定动作，则算完成捉虫子的任务，可得到相应的奖励。最后是小青蛙都学到了捉虫子的本事，并得到青蛙妈妈的奖励，高高兴兴回到了家！

● 游戏过程：

1. 音乐

2/4，曲十一。

2. 动作说明（以6人一组为例）

前奏1×4拍。

准备：画一个直径4～5米的圆。青蛙妈妈站在圆圈中心，手拿5个提示牌。其他5只小青蛙，分别按字母编号为A、B、C、D、E，面向圆心，大八字位全蹲，双手五指开，于体前撑地。

（1）2×8拍。

前1×8拍：青蛙妈妈和五只小青蛙大八字位站立，左右移动重心四次；同时，五指开，双臂向上交替屈伸四次。

后1×8拍：①—④向上跳起，五指开，双臂向上伸展，脚落地时，双手撑地；⑤—⑧双手撑地，左右摆胯摆头两次。

（2）2×8拍。

前1×8拍：青蛙妈妈举A牌，A青蛙连续撑地蹦跳四次，跳向池塘中间。其余四只小青蛙上下摆臂四次。

后1×8拍：①—④A青蛙连续交替单脚抬腿跳四次，同时双臂做肩侧交替屈肘与直臂摆动；⑤—⑧双脚立踵原地碎步，肩侧抖手自转一圈。

间奏1×6拍：青蛙妈妈将手中的A牌奖给A青蛙，A青蛙手持A牌在池塘里大八字位跪地趴下，其余四只小青蛙不动。

（3）2×8拍。

前1×8拍：A青蛙大八字位跪地趴下，其余四只小青蛙重复（1）2×8拍的前1×8拍的动作。

后1×8拍：A青蛙跪坐做五指开，双臂向上交替屈伸四次；同时，其余四只小青蛙①—④向上跳起，五指开，双臂向上伸展，脚落地时，双手撑地；⑤—⑧双手撑地，左右摆胯摆头两次。

（4）2×8拍。

B青蛙重复A青蛙动作跳进池塘，其余小青蛙重复原来的动作。

间奏1×6拍：青蛙妈妈将手中的B牌奖给B青蛙，B青蛙手持B牌，在池塘里大八字位跪地趴下，即A、B青蛙已经回家，其余3只青蛙宝宝在圈外等待圈内妈妈的提示，按兵不动。

（5）2×8拍。

同上，类推。

（6）2×8拍。

同上，类推。

间奏1×6拍：同上，类推。A、B、C青蛙在池塘里大八字位跪地趴下，其余小青蛙不动。

（7）2×8拍。

同上，类推。

（8）2×8拍。

同上，类推。

间奏1×6拍：同上，类推。A、B、C、D青蛙在池塘里大八字位跪地趴下，其余小青蛙不动。

（9）2×8拍。

同上，类推。

（10）2×8拍。

同上，类推。

A、B、C、D、E五只小青蛙全部在池塘里大八字位跪立，将奖牌高高举起！

3. 案例分析

（1）题材分析：此题材内容既可以使孩子进行动作模仿，又可以培养其动作反应能力，还能进一步加深其对"数"的理解。它是一个融智力与动作技能培养为一体的趣味性游戏。

（2）音乐分析：这是一首2/4拍子的音乐。音乐分为五个乐段。歌词口语化，乐句旋律不断重复，简单有趣。

（3）动作分析：动作设计抓住"青蛙"的典型动律特征，伸臂和摆臂相结合，双腿跳和单腿交换跳相结合，使舞蹈形象化、童趣化且动静结合；设计圆圈队形可增添意境感。

（4）创编方法：运用动作短句法和重复变化的手法，分角色进行幼儿舞蹈创编。

4. 创编实践

根据以上案例方法，编排舞蹈游戏《小猫钓鱼》，要求动作形象化，有适当队形。注意设计好游戏规则。

（二）创造性舞蹈游戏课堂案例

《鸡妈妈找小鸡》。

● 游戏主题：

小鸡与鸡妈妈捉迷藏；培养创造想象力。

● 歌词内容：

咯咯！咯咯咯！小鸡在哪里？叽叽！叽叽！叽叽叽！小鸡在这里！

● 游戏前准备：

在游戏开始前，老师出示鸡窝和小房子的图片，让孩子直观感受一下这些图片的造型结构；然后，启发孩子试着用肢体将所看到的鸡窝或小房子造型摆出来；也可以让孩子自己设计自己愿意摆的图形。

● 游戏做法与规则：

游戏开始时，鸡妈妈随着歌声去找小鸡们，而小鸡们却随着音乐的节奏躲着鸡妈妈，他们捉起了迷藏。一边捉迷藏，一边摆集体造型和小鸡的舞姿造型。在捉迷藏的过程中，一会儿建"鸡窝"造型；一会儿几个人围成一个平面的圆圈儿"建窝"，几只小鸡躲在窝里；一会儿几个人搭成垂直的小屋的造型"建窝"，一只小鸡躲在小屋里。小朋友们可以在游戏前约定第一次摆什么造型、第二次摆什么造型、第三次摆什么造型。

● 游戏过程：

1. 音乐

2/4，曲十二。

2. 动作说明（以11～13人一组为例）

前奏1×6拍＋1×8拍＋1×2拍：

准备：鸡妈妈站在圆圈中心，其余的小鸡们面向圆心，正步位站立，双手旁按位。

（1）2×8拍。

前1×8拍：鸡妈妈和小鸡宝宝们做前蹲步四次，同时体前倾，抬头挺胸，双臂后斜下举。

后1×8拍：①—④鸡妈妈双手食指相靠做鸡嘴型放于胸前，双立踵碎步自转一圈；同时小鸡们自己建立窝造型。⑤—⑧鸡妈妈对着鸡窝摆出一个舞姿造型；同时小鸡们保持造型不动。

间奏1×8拍：鸡妈妈保持造型不动。小鸡们立踵碎步自转一圈后模仿鸡妈妈造型动作。

（2）2×8拍。

重复（1）2×8拍的动作及过程，但是建的"窝窝"换成新的造型（"窝窝"）。

间奏1×8拍：鸡妈妈保持新的造型不动。小鸡们立踵碎步自转一圈后模仿鸡妈妈新的造型动作。

（3）2×8拍。

重复（1）2×8拍的动作及过程，但是建的"窝窝"换成新的造型（"窝窝"）。

3. 案例分析

（1）题材分析：此题材属于创造性和模仿性舞蹈游戏。通过游戏前的知识铺垫和启发式教学，让孩子感知空间并运用身体做个人及集体的造型练习，培养孩子的动作创编能力和空间想象力。

（2）音乐分析：这是一首2/4拍子的音乐。音乐两句一乐段。歌词口语化，一问一答；乐句旋律重复，生动有趣。

（3）动作分析：动作设计抓住"小鸡"的形象特征，配合幼儿常用舞步（踵步），舞蹈动作形象化和简单化，并根据主题内容强化造型训练。可三人一组建窝，也可五人一组建窝，还可以六人一组建窝，等等。让孩子们充分发挥想象，创造性地建构不同的造型和动作姿态，以此培养孩子的创造想象力。

（4）创编方法：运用直接引入法和重复变化的手法，分角色进行幼儿舞蹈游戏创编。

4. 创编实践

根据以上案例方法，编排舞蹈游戏《小青蛙找家》，要求动作形象化，有适当队形。注意设计好游戏规则。

（三）竞技性舞蹈游戏课堂案例

《玩具进行曲》。

● 游戏主题：

玩具运动会。培养孩子更换玩具头饰的自理能力、身体动作的灵活性和协调性，同时通过竞技性舞蹈游戏来培养他们的团队意识。

● 歌词：

咚锵锵，咚锵锵，玩具快快来，小猫小狗小汽车小娃娃；

咚锵锵，咚锵锵，队伍排整齐，一个一个多么神气向前进！

● 游戏前准备：

（1）在游戏开始前，布置运动会场地，安排四个赛道。赛道长10～15米。将赛道分为左右两半，将小朋友们分成两大组。赛前准备小猫、小狗、小汽车和小娃娃头饰。玩具放在赛道两端，各赛道摆放一种玩具。

（2）学习小猫、小狗、小汽车、小娃娃四种不同的玩具动作。

小猫动作：以走猫步为主要动作，双手屈肘于体前，手型为猫爪，走时扭动腰部，落地轻盈。

小狗动作：双腿跪地，手型为狗爪，在地上爬行。

小娃娃动作：娃娃跳舞动作，即四次娃娃步接碎步自转360°后做一个舞姿造型。

小汽车动作：模仿开车，手握方向盘，小跑行进。

● 游戏做法与规则：

在运动会上，小猫、小狗、小汽车和小娃娃在蛇形赛道上，小朋友根据赛道上摆放的玩具做相应的表演。在比赛过程中，模仿以上四种玩具规定的动作进行表演。两位小朋友分别站在赛道的起点。在起点先带上小猫头饰——走过第一赛道，来到第二赛道——更换小狗头饰——爬过第二赛道，来到第三赛道——更换小娃娃头饰——跑向赛道中间，进行舞蹈表演——跑向第四赛道，更换小汽车头饰——以开小汽车的动作跑向终点！通过计时裁判的秒表记录，看哪些孩子更换头饰的速度快；同时，看哪组孩子表演得最好，看哪组孩子最先到达比赛的终点。第一轮比赛完毕，要求小朋友们将玩具归还到赛道指定的位置。然后各组再派选手，进入下一轮比赛。在整个游戏活动中，每个小朋友轮流参赛表演。最后获胜多者的一组为胜。

● 游戏过程：

1．音乐

2/4，曲十三。

2．动作说明（以20人为例，各组10人）

前奏：1×8拍。

准备：老师站在赛道旁边的中心位置击鼓八次，第一个参赛的孩子头戴小猫头饰，正步位站立。其余小朋友们站在赛道两旁为选手加油喝彩！

（1）4×8拍。

老师发令——开始！第一位小朋友带上小猫头饰，以走猫步为主要动作，按要求走完赛道。

间奏1×8拍：来到第二赛道，更换小狗头饰。

（2）4×8拍。

带上小狗头饰，以爬行为主要动作，爬完赛道。

间奏1×8拍：来到第三赛道，更换小娃娃头饰。

（3）4×8拍。

小跑步至赛道中间位置，做两个八拍的娃娃跳舞动作。即四次娃娃步接碎步自转360°后做一个舞姿造型，然后跑向赛道的另一端。

间奏1×8拍：来到第四赛道，更换小汽车头饰。

（4）4×8拍。

带上小汽车头饰，做手握方向盘的模仿动作，小跑行进，跑完赛道。最后，将小汽车的头饰交给老师，第一轮两人对抗赛结束。

第一轮比完后，接着进入第二轮比赛。以此类推。

3. 案例分析

（1）题材分析：此题材属于竞技性舞蹈游戏。此舞蹈游戏通过游戏前的动作模仿学习，让孩子明确动作要求，让孩子在快乐玩耍中培养动作协调性和团队合作精神。

（2）音乐分析：这是一首2/4拍子的音乐。音乐四句为一段，总共四段，每两段之间的间奏为一个八拍。歌词简单，旋律欢快活泼。

（3）动作分析：根据游戏中的内容，参赛孩子分别扮演四个不同角色，做出四组不同的动作。其中，既有走，也有爬，还有跑，最精彩的还有"小娃娃"舞蹈表演。整个比赛的动作丰富多彩，具有舞蹈表演性。

（4）创编方法：运用动作模仿法和重复的手法，分角色进行幼儿舞蹈游戏创编。

4. 创编实践

根据以上案例方法，编排一个竞技性舞蹈游戏，内容自拟，要求音乐童趣化、动作形象化。注意设计好游戏规则。

《玩具进行曲》舞蹈游戏赛道图示

终点　　　　小汽车头饰	小汽车头饰　　　　终点
小娃娃头饰	小娃娃头饰
小狗头饰	小狗头饰
起点 小猫头饰	小猫头饰 起点

第五节　幼儿集体舞

一、幼儿集体舞概述

幼儿集体舞是指幼儿集体共同参与，在短小乐曲、歌曲的伴奏下，在规定的位置和队

形中,完成简单、相互配合的舞蹈活动。它是幼儿用来自娱和交谊的集体性舞蹈,其特点是结构简单、动作统一、轻松愉快、健康活泼。

幼儿集体舞主要是变换队形、交换位置或舞伴,要求动作简单、队形变换简单合理、轻松愉快、富有情趣。集体舞练习可以反复进行。在训练中发展幼儿基本动作能力,同时培养他们热爱集体和团结友爱的精神,培养他们互助友爱的良好品德,促进他们社会性的发展。例如《快乐的铃鼓舞》通过围圈起舞,增强幼儿的团队协作精神,增加班级小集体的亲密感,减少隔阂,提高课堂的趣味性;通过手铃击打身体的动作,引导幼儿了解身体各部位的名称、作用等浅显易懂的知识;通过原地踏步与手铃击打身体多个部位动作的多种配合,训练其节奏感及反应能力,增强其身体的协调能力。又如集体舞《水仙花圆舞曲》,这是一个中、大班的双圆圈集体舞蹈,音乐为3/4节拍,旋律优美流畅。每八小节为一个乐句,四个乐句为一个乐段,共两段。舞蹈以波浪步为主要步法,并配合手臂动作的变化以展示水仙花的形象。第二段时,通过里、外圈换位调度以及逆时针方向的变化增加舞蹈的变化感,丰富队形。通过双圆圈集体舞《水仙花圆舞曲》学习,培养幼儿的舞蹈方位感和空间感,增强他们的团队协作意识。

二、幼儿集体舞的创编步骤

(一)确定内容和形式

集体舞的形式丰富多样,有邀请舞、单圈舞和双圈舞,不同的形式可达到不同的目的和效果。因此,在编舞之前,首先要明确上课的动机,如果是为了达到团结友爱、相互交流的目的,则可选用邀请舞的形式;若是为了让幼儿感受大自然的美,则应选择单圈舞或双圈舞。总之,集体舞的形式与内容是紧密相连的。

(二)选定音乐或歌曲

集体舞大多是以歌曲来伴奏。由于集体舞是一种集体娱乐的形式,因此,选择的歌曲应节奏欢快愉悦、情绪高昂、旋律优美、富有动感;歌词应通俗简洁、易于上口,以便幼儿记忆;歌曲的篇幅应短小,一般限于32~48小节。

(三)设计主要动作

在设计主要动作之前,首先应将集体舞的基本步伐确定,主要动作设计的重点应在舞伴之间的交流动作上,动作设计不宜过于复杂,应以突出集体舞的趣味性与娱乐性为主,使幼儿在舞蹈中感受到游戏般的愉悦。

（四）设计队形与画面

无论是采用哪种队形，首先应根据舞蹈的内容和形式来确定。集体舞一般以每跳完一段必须交换新的舞伴为特点。因此，集体舞经常选择圆圈队形，它便于行进、移动和反复进行。在设计队形时，还应考虑舞蹈者在舞蹈时的位置变化要与动作相协调统一，队形的设计应体现自然、流畅，恰到好处且具有游戏性。

三、幼儿集体舞案例分析

（一）小班集体舞课堂案例

《跳舞歌》。

1. 音乐

3/4，曲十四。

2. 动作说明（以16～20人为例）

前奏：2×3拍。

全体16～20人围成一个单圆圈，面向圆心，自然站立。

（1）8×3拍+8×3拍。

前8×3拍：①×3双手击掌一次，接双手上举，招手两次；②×3重复①×3的动作；③×3—④×3左右同伴手拉手，原地踏步；⑤×3—⑥×3继续手拉手，原地踏步；⑦×3—⑧×3双手击掌一次，接着与左右同伴手掌相击两次，共做两遍。

后8×3拍：①×3双手击掌一次，接着双手上举，招手两次；②×3重复①×3的动作；③×3—④×3左右同伴手拉手，原地踏步动作；⑤×3—⑧×3双臂屈肘交叉搭肩，碎步向左快速自转一周（1小节完成），接着左、右、左蹦跳三次。

（2）8×3拍+8×3拍。

重复（1）8×3拍+8×3拍的动作。

3. 案例分析

（1）题材分析：这是一个小班单圆圈集体舞。以"跳舞"为主题，表现孩子们跳舞时相互感染的快乐情绪。

（2）音乐分析：这是一首3/4拍子的音乐，强弱明显。歌曲只有一段。歌词反复、简单明了。"来来来，大家来，拉成个圈；一二三，一二三，整齐好看；来来来，大家来，拉成个圈；转一转，跳一跳，多么好玩！啦啦啦，啦啦啦，啦啦啦，啦——，啦啦啦，啦啦啦，啦啦啦，啦——；来来来，大家来，拉成个圈；转一转，跳一跳，多么好玩！"音乐轻快、活泼，舞蹈性强。

（3）动作分析：这是一个小班表演的集体舞。动作设计以"击掌""踏步""蹦跳步"为主要动作，并通过重击掌、轻拍肩体验强弱关系，以简单的蹦跳步体现欢快活泼；

同时，以单圆圈队形进行固定位置的表演，符合小班的年龄特征。队形和动作均以简单的形式来展现集体舞动作整齐划一的特点，培养孩子们与同伴相互协作的意识。

（4）创编方法：运用动作元素编舞法展开编排动作，运用重复的手法进行小班集体舞表演创编。

4．创编实践

根据以上案例方法，编排一个单圆圈集体舞表演节目，内容和形式自主选择，要求音乐儿童化，队形简单，适合小班幼儿表演。

（二）中班集体舞课堂案例

《跷跷板》。

1．音乐

2/4，曲十五。

2．动作说明（以12～16人为例）

前奏：1×8拍+1×4拍。

准备：前1×8拍，16人站成双圆圈，两人一组，面对面正步位站立，两臂自然下垂。后4拍，双手胸前击掌四次。

（1）1×8拍+1×4拍。

前1×8拍：①—②里圈人双臂张开平举，全蹲，同时外圈人双脚立踵，双臂上举，与肩同宽；③—④重复①—②的动作，但里圈人与外圈人交换动作；⑤—⑧重复①—④的动作。后1×4拍，里外圈两人同时在原地右转360°。

间奏1×8拍+1×4拍：前1×8拍，里外圈人按逆时针方向（向右）交换位置，里圈人站在外圈，外圈人站在里圈。后1×4拍，双手胸前击掌四次。

（2）1×8拍+1×4拍。

前1×8拍，①—②里圈人双臂张开平举，全蹲，同时外圈人双脚立踵，双臂上举，与肩同宽；③—④重复①—②的动作，但里圈人与外圈人交换动作；⑤—⑧重复①—④的动作。后1×4拍，里外圈人相互拥抱，然后回到面对面位置。

间奏1×4拍：双手胸前击掌四次。

（3）1×8拍+1×4拍。

重复（1）1×8拍+1×4拍的动作。

（4）1×8拍+1×4拍：

重复（2）1×8拍+1×4拍的动作。

尾奏1×8拍：外圈人向左（顺时针）碎步挪动一个位置，换另一个舞伴，同时里圈人原地击掌四次，等待新朋友，结束（音乐起，可继续重复表演）。

3．案例分析

（1）题材分析：这是一个中班双圆圈集体舞表演节目。以玩跷跷板为主题，表现孩子在玩耍中的相互合作与相互友爱之情。

（2）音乐分析：这是一首2/4拍子的音乐。歌词简单，具有童趣。"跷跷板，真好玩，你上天时我落地，小小朋友不靠挤；跷跷板，真好玩，你落地时我上天，小小朋友不翻脸。"曲目朗朗上口。

（3）动作分析：中班集体舞的动作设计简单，以"拍手""下蹲蝴蝶展翅"和"立踵上举招手"为主要动作，突出在玩跷跷板时所需的动作平衡性特点，发展动作协调性。编排双圆圈队形，双人面对面上下交替起伏，突出跷跷板运动的特点，培养孩子们与同伴相互合作的意识。通过拥抱动作和更换舞伴，体现相互友爱。

（4）创编方法：运用空间上下对比变化的手法，进行集体舞表演创编。

4．创编实践

根据以上案例方法，编排集体舞表演，内容和形式自主选择，要求音乐儿童化，队形简单，具有游戏性。

（三）大班集体舞课堂案例

《水仙花》。

1．音乐

3/4，曲十六。

2．动作说明（以16～24人为例）

前奏：8×3拍。

全体16～24人站成四列横队，4～6人为一排（要求双数成对，左右两人形成A、B角色），面向1点，双腿跪坐，双手放于背后。左右交替摆头八次。

第一段：

（1）8×3拍+8×3拍。

前8×3拍：A角跪地不动，双手于胸前做"花儿开"手位，左右摆头8次；B角双手"小鸟飞"，碎步围着A角顺时针方向转一周，回到原位，双腿跪地。

后8×3拍：动作同上，但A角与B角交换动作。

（2）8×3拍+8×3拍。

前8×3拍：①×3—②×3，A角与B角内侧手相拉上举，外侧手斜上举，向前（1点方向）碎步；做第2小节时，半蹲，两人对望，五指开，抖动手腕；③×3—④×3重复①×3—②×3的动作；⑤×3—⑧×3两人内侧手松开，双手五指开，抖动手腕，向内转360°，A角与B角的另一只手牵手。

后8×3拍：重复前8×3拍的动作，但向后（5点方向）行进。

间奏8×3拍：两人左手侧平举，右手上举，手腕交叉，顺时针方向碎步走一周，然后回到原地，双腿跪地。

第二段：

（1）8×3拍＋8×3拍。

重复第一段（1）8×3拍＋8×3拍的动作，但A角与B角交换动作顺序。

（2）8×3拍＋8×3拍。

重复第一段（1）8×3拍＋8×3拍的动作，但先向5点方向行进。

（3）8×3拍＋8×3拍。

前8×3拍：两人左手侧平举，右手上举，手腕交叉，顺时针方向碎步走一周，然后两人面向1点，双手上举，五指开，抖手。

后8×3拍：两人右手侧平举，左手上举，手腕交叉，逆时针方向碎步走一周，然后两人面向1点，双手上举，五指开，抖手。

尾奏8×3拍：A角双腿跪地，双手于胸前做"花儿开"手位；B角站在A角后面正步位，双手斜上举，同时抖动手腕，造型结束。

3．案例分析

（1）题材分析：这是一个大班在方块队形上表演的集体舞。以"水仙花"为主题，表现孩子喜爱鲜花的美丽，情不自禁唱起了歌，并模仿鲜花绽放的样子，快乐起舞！

（2）音乐分析：这是一首3/4拍子的音乐，强弱明显。歌曲分为两段，旋律简单，充满联想；曲风清新自然，轻松活泼。

（3）动作分析：这是一个大班表演的集体舞。动作设计以"花开""抖手""碎步"为主要动作，舞姿简单、舒展、灵活。同时，主要固定在方块队形上进行表演。队形中也有两人的动静变化与位置交换处理，既突出了集体舞蹈中双人舞蹈部分的相互配合特点，又展现了集体舞动作整齐划一的特点，同时培养了孩子们与同伴相互合作的意识。

（4）创编方法：运用动静对比和重复的手法进行集体舞表演创编。

4．创编实践

根据以上案例方法，编排一个方队集体舞表演节目，内容和形式自主选择，要求音乐儿童化，队形变化简单。

第六节　幼儿即兴舞

一、幼儿即兴舞概述

即兴舞是一种由乐曲的旋律、节奏、速度、和弦效果刺激而成的舞蹈表演。其舞蹈结构和构思完全在表演的流动中完成。它是艺术想象的过程，也是形象思维的完美体现。其重要性表现在：灵敏的思维有助于创造鲜明的舞蹈形象；肢体的开发有助于打造新颖的动作；乐感的加强有助于想象力的提高；尽情的舞蹈有助于启发瞬间的灵感；舞出自我有助于增强编舞的自信心。总之，即兴舞对于锻炼和发展学生对肢体的反应能力和思考能力，培养学生对生活的观察能力和创新能力以及提高学生舞蹈艺术的综合素质，创作出新颖的动作提供了较好的手段。即兴舞包括音乐即兴和命题即兴。

（一）音乐即兴

音乐即兴即随音乐有感而动。就是给舞者一段乐曲，舞者凭着对音乐的理解演绎一段即兴表演，随音乐来表达自己的情感。"音乐即兴"是建立在对音乐情绪的感悟及其旋律的视觉化处理上的即兴表演。

（二）命题即兴

命题即兴就是借助音乐，瞬间释放身体的动作，表现特定命题内容，既训练学生对命题准确的理解和选择能力，又训练学生驾驭音乐节奏和情绪变化能力。"命题即兴"是建立在对命题的拓想及其形象的动态性构成上的即兴表演。

（三）幼儿即兴舞

幼儿即兴舞是指幼儿在掌握一定数量的舞蹈基本动作和初步具备音乐感受能力之后，在幼儿歌曲或音乐形象、节奏鲜明的乐曲伴奏下，根据自己对音乐的理解和感受即兴表演的舞蹈。这种舞蹈不需要经过事先酝酿、排练或预习，而是即兴根据音乐用肢体来进行表演；客观环境和幼儿主观情感思想的变化差异，使每次表演都不尽相同。例如：孩子听到一首欢快的曲子，随音乐的节奏有时会拍手或摆头，有时会扭胯或摆手，有时又会蹦蹦跳跳，等等。又如：当孩子听到音乐的节奏发生变化时，其动作的节奏和情绪也随之变化，时快时慢，起伏不定。即兴舞蹈在幼儿舞蹈中占有重要的位置，因为它能给幼儿提供自由发挥和创造的空间。通过即兴舞蹈创作活动，能让孩子体会到探索、创造、自我表达实践所带来的快乐，让孩子们能有机会随着音乐自己去想象，并用不同的舞蹈动作来表达自己的感受、抒发自己的感情。幼师在对幼儿进行即兴舞蹈训练时，要特别注意动作形象的捕捉和音乐形象的把握，要鼓励幼儿大胆起舞。

二、幼儿即兴舞创编步骤与方法

即兴，是对眼前的景物、事物有所感触，临时发生兴致而作。即兴舞是根据一定的乐曲随之表演创造的舞姿、动作、步法，并受乐曲的节奏和情感制约，是舞蹈表演、舞蹈创

作的一种特殊形式和方法。它是舞蹈创编者最主要的、必需的创作手段。因为"即兴"能给舞蹈者完全的自由，他们能无节制、无限制地舞蹈，他们的动作经常超出他们的意识，就如人们所说："身体会不由自主地发出一些动作。"

根据即兴舞的特性，即兴舞通过游戏激发自发性。它包括运动性和情景性的瞬间小品，在没有任何方式、方法准备的情况下进行。编舞者在构思的前提下，用身体去探索。想象展开了，动作就会自发地产生，但不是所有的动作都有同样的价值、同样的用途。

幼儿舞蹈编导，需要掌握即兴舞创作的艺术技能，并能自编自演具有儿童特色的即兴舞，指导儿童进行即兴舞、即兴歌表演的设计。

即兴舞创编与训练步骤如下。

（一）听音乐（第一遍），了解音乐的内容，确立主题思想

任何一个舞蹈都有一定的思想和主题，而音乐的内容为确立舞蹈的主题思想提供依据。了解音乐的内容是即兴（音乐即兴）舞创编的第一步。

（二）听音乐（第二遍），了解音乐的段落、性质，进行简单的构思

舞蹈的表演结构是分层次的。当我们明确所要的音乐后，舞蹈必须根据音乐的性质和段落结构进行构思创作，只有这样，才能达成音乐与舞蹈的完美结合，才能给人带来艺术上的享受。

（三）听音乐（第三遍），确立主题动作，随音乐起舞，并随音乐发展主题动作

舞蹈动作的设计必须与舞蹈主题相结合，而且要在主题动作的基础上进行发展与变化，才能使动作具有艺术感和表现力，否则会单调乏味。

每一名幼儿教师平时都要细心观察生活，发现和挑选舞蹈素材，并用孩子的思维方式来确定舞蹈的主题。

三、幼儿即兴舞案例分析

（一）主题内容

表现两个生气的孩子和好如初的情景。通过幼儿舞蹈《拉拉钩》的训练，培养孩子学会宽容、谦让的好品德。

（二）舞蹈音乐

曲十七，《拉拉钩》。

（三）训练步骤

1. 根据主题内容设问

两个孩子为什么生气？孩子生气的时候一般是什么样的表现呢？

对以上问题的回答有：

（1）两个孩子为争抢玩具而生气或不小心踩了对方的脚而生气等。

（2）生气的时候噘嘴或跺脚或摔东西等。

2. 研究与选择音乐

选择富有情感色彩、符合主题内容的儿童歌曲《拉拉钩》。虽然音乐在没有舞蹈时就存在，但它有自己的节奏和旋律以及持续的时间，能给编舞者提供灵感，特别是歌词的内容与舞蹈的主题恰巧吻合。

3. 即兴舞

根据音乐的节奏和歌词内容，即兴做出"跺脚、叉腰""跺脚、甩手""拧身、噘嘴""转头、昂首、噘嘴"等动作，把生气的状态和感觉凝聚到具体的舞蹈中。

4. 即兴表演（空间与路线安排）

根据即兴舞所发生的动作素材，有目的地选择有价值的动作，并安排一定的动作表演路线和空间。可以安排如下：

（1）引子：两个孩子从舞台左、右两侧出场，迎面相撞，矛盾激发。

（2）第一段主题音乐旋律起：面向观众做主题动作（一个叉腰、噘嘴，另一个叉腰、跺脚）表演。

（3）第二段主题音乐旋律起：两人面对面，情绪发生根本性变化，小手指相互拉钩，以夸张的你俯我仰动作来表达一种宽容与谅解；最后两人再手牵手绕一圈，面对观众，表示矛盾化解，和好如初。

（四）表演要求

（1）恰当地表演动作的性质（生气与友善两个方面）。

（2）合理地使用表演的空间与路线（处理好表演与调度的关系）。

（3）注意动作的夸张与情感表达的真实性（以幼儿的身份进行表演）。

（五）创编分析

这是一个幼儿双人表演的小节目，创编的要素主要是音乐和动作的确定。选择《拉拉钩》是因为音乐来自幼儿生活，特别是音乐的形象符合舞蹈的主题内容。舞蹈以来源于生活的"噘嘴""跺脚""拉钩""牵手"动作为基本元素动作，并根据舞蹈主题内容进行动作的发展与创编，同时运用"一问一答"式的创编手法，表现了孩子之间的淘气和彼此对友谊的珍惜。这个训练能培养孩子的舞蹈表现力，也能陶冶孩子高尚的情操。

（六）创编实践

1. 音乐即兴练习

曲十八，《小雨滴答》。

要求抓住"小雨滴答"的形象特征、动作具有情境感。

2. 命题即兴练习

《我的小花伞》。

要求从小花伞的运动特性上展开想象，结合人与花伞的关系进行动作编排。

 知识与技能拓展

一、赏析朝鲜族幼儿舞蹈

《哩哩哩》。

（一）组合音乐

曲二十，《哩哩哩》。

（二）动作说明

前奏：1×8拍＋1×2拍。
站立于舞台中后区，背对1点，右脚在前踏步位，双手于胸前，准备。
第1×8拍：
左转身，向1点蹉脚走8步，一拍一步，同时双臂斜上位托掌，抬头挺胸。
第2×8拍：
左脚向旁迈步成大八字脚位，左右移重心四次，同时双臂做扛推顶手至垂手四次。
第3×8拍＋1×4拍：
①—④双腿经半蹲移重心至左腿，右脚于左脚内侧点地，身体稍左倾，同时双臂经下落收至左手肩前，右手后围；⑤—⑧先右后左晃身摆头四次；后1×4拍，右脚起后退三步，第四步左脚点靠于右脚内侧，同时双臂经平推开至右手在前的肩围手，身体稍右倾。
第4×8拍：
①—④双脚立，双手左平开，右胸前垂手，眼看2点上方；⑤—⑧左脚朝2点上步，双腿经半蹲成左脚在前踏步位，同时右手于左肩前立掌，左手经下弧线摆至上举位垂手，眼看1点。

第5×8拍+1×4拍：

①—②右脚起原地垫步小跳（左腿屈膝小幅度外摆），同时左手翘腕，头向右倒；③—④反方向跳，左手垂手，头向左倾；⑤—⑧重复①—④的动作，再1×4拍，继续以上动作，即垫步小跳共做六次。

第6×8拍：

①—⑧身体正对2点，原地小八字位双脚趾左右移摆八次，同时双手右肩前击掌和右手指点左手心垂手交替配合，头部随之。

第7×8拍+1×4拍：

①—⑧经双腿半蹲，双臂下交叉，然后斜上举托掌，原地转两圈；再1×4拍时，向1点，左脚起蹉步两次，同时右、左手交替肩围手弹手。

第8×8拍：

①—④双腿经左脚在前踏步位全蹲，直立左转360°；⑤—⑧左脚朝2点上步成踏步位，同时双臂经横手上举做扛推顶手垂腕，眼看8点上方，结束。

（三）案例赏析

这是一个短小精悍的朝鲜族幼儿表演组合，音乐欢快、活泼，旋律感强。它是以乐句为单位进行编排的，动作设计以"垫步小跳"和"交替步"为主要舞步及动律。手臂动作以"扛推顶手"和"前后围手"为主要动作，"击掌接指尖点手心摆头"表现出幼儿活泼可爱的一面；上肢动作收放自如，弹手时的腕部放松，以及"抬肩晃身摆头"的动作特征，体现了朝鲜族舞蹈的韵味。

二、以"踩雨"为题，编排一个大班幼儿歌舞表演节目

三、请选择2～3个舞步，编排一个大班舞步训练组合。要求舞步节奏和动作节奏和谐自然，音乐的选择和动作的编排符合幼儿心理与生理特点。

课后思考与练习

一、幼儿律动包括哪些内容？

二、幼儿歌表演与幼儿歌舞表演有什么区别？

三、编排幼儿集体舞的步骤与要求是什么？

四、深入幼儿园，根据班级年龄层次，编排一个幼儿舞蹈游戏。

五、了解、学习中国舞蹈考级教材1～3级内容，并根据亲身实践与体验，针对某块教学内容和某个题材，从儿童舞蹈的角度做一个分析报告。